心のカラクリを知れば、
すぐに望みは叶えられる

願いが叶う人の「無意識」の習慣

UNCONSCIOUS

オールイズワン代表 心理カウンセラー
石原加受子
KAZUKO ISHIHARA

ぱる出版

はじめに

★「無意識の世界」を覗《のぞ》いてみよう

恐《おそ》らく大多数の人が、普段、自分の今の意識がどうであるかに注意を払ったり、自覚しながら生活するということはないでしょう。

けれども、自覚していてもいなくても、無意識は絶《た》えず私たちの望みを叶《かな》えようと、ありとあらゆる方法を用いて実践しています。

「あれ？　無意識が私たちの願いを叶えてくれようとしているんだったら、どうして、自分の思った通りにならないことばっかりなんでしょうか」

と言いたくなるかもしれません。

今あなたがそうやってそんな状況になっているとしたら、それは「あなたが望んだこと」だからです。

こんな言い方をすると、

「こんなこと、自分ではまったく望んでいないよ」

と言いたくなったり、

「何だって！　これが、自分の望みだって言うのか！」

と反論したくなる人もいるでしょう。

常識的に考えれば、

「争ったり、トラブルを招いたり、失敗したり、わざわざ不幸になるようなことを、誰が好き好んで選ぶものか」

と。もっともな話です。

もちろん、今述べたことは「無意識の世界」での話です。

けれどもあなたが今、実際に、

「どんなに努力しても、どうやっても、思った通りにならない」

「いろいろな方法を試行錯誤《しこうさくご》しながら試しても、やっぱり行き詰まってしまう」

「何をやっても、失敗ばかりする」

「なぜか、同じことを繰り返しているようだし、似たような結果になってしまう」

というようなことが起こっているとしたら、恐らくあなたの無意識が、そうなることを望んでいるからだと言えるでしょう。

★自分の「感じ方」の中には、未来への情報がある

ところであなたは、自分に対して、自分をどれだけ信頼しているでしょうか。あなたが自分を信頼しているか、そうでないかは、すぐにわかります。

もしあなたが、「自分の欲求や気持ちや感情」を基準にして判断し、行動しようとしているとしたら、あなたが自分を信頼している割合はとても高いでしょう。そんな人は、既に「それが当たり前」と思うぐらい願いが叶っているでしょう。

もしあなたが、物事を思考で捉え、損得勘定《そんとくかんじょう》や数学的な論理性を元に行動しようとしているとしたら、その思考に頼っている分だけ、自分を信頼している割合は低いと言えるでしょう。なぜならそうやってあれこれと思考するのは、自分の感じ方を信頼していないと言えるからです。

例えば家をローンで買う際、かなり負担になる返済額を設定して、30年で返せると計算しているとき、それは30年間、健康でありつづけ、仕事をしつづけられるということを前提としています。その中には、会社を解雇されたり病気になって仕事ができなくなることは想定していません。

このとき、自己信頼の高い人は、心が訴える「これは少々つらいなあ」という感じ方のほうを信じることができるでしょう。

この〝つらいなあ〟という感じ方の中には、未来への情報も含まれています。

無意識は、「感じ方」として、あなたにそれを教えているのです。

★「心のギャップ」を埋めることで願いは叶う

極端な言い方をすれば、あなたの望みはすべて叶っています。あるいは、無意識が年月をかけて叶えてくれるでしょう。

ただし、一般的に言われているところの叶い方とは異なります。

なぜならそれは、あなたが顕在《けんざい》意識で考えている願いよりも、あなたの「無意識の願い」のほうが優先されるからです。その現象を顕在意識の眼からみると、まったく叶っていないように映るでしょう。

場合によっては、「願いと反対の結果になってしまった」と絶望してしまうようなことも起こっているでしょう。

大多数の人たちが思考に囚《とら》われているので、物事を思考で判断したり、論理的に考えて決めようとします。けれどもそうやって、思考で導き出した計算の中には、「私たちの心」が勘定に入っていません。

例えば、あなたがどんなに顕在意識で望む「願い」を叶えようとしても、あなたが、無意識に強い罪悪感を抱いているとすれば、あなたは自分を罰するような結果へと、自ら選択していくでしょう。

あなたが激しく勝ち負けに囚われていれば、絶えずトラブルに巻き込まれたり、自分から気づかずに争いを仕掛けていくでしょう。

こんなふうに、もしあなたが、未だ自分の願いを叶えていないとしたら、あなたの顕在意識と無意識の間に大きなギャップがあります。

あなたの願いは、常に叶っています。

もしあなたが、「願いが叶ってよかった」と心から喜べる叶い方を望むのであれば、まず、自分の「無意識」に関心をもつことが先決です。

願いが叶う人の「無意識」の習慣

心のカラクリを知れば、すぐに望みは叶えられる

contents

第1章

どうして願いが叶わないのか？

願いが叶わない「言動パターン」になっていないか？

第2章

もしも願いが叶ったとしたら？

願いが叶う人は最初から叶うように入力設定している！

第3章

自分で願いが叶わないようにブレーキをかけていないか？

顕在意識と無意識の間に大きなギャップがある！

第4章

人生はすべてが「バランス」で成り立っている！

思い込みで未来の人生の「模型」を造っていないか？

第5章

負のパターンから抜け出してすべてを手に入れよう

過去・現在・未来、まったく同じパターンで動いている!

第６章

それぞれの場面での「感じ方」が未来を決める！

過去の感情の掃除をするだけで人生の流れが好転する！

contents

カバーデザイン▼EBranch 冨澤 崇
本文レイアウト▼Bird's Eye

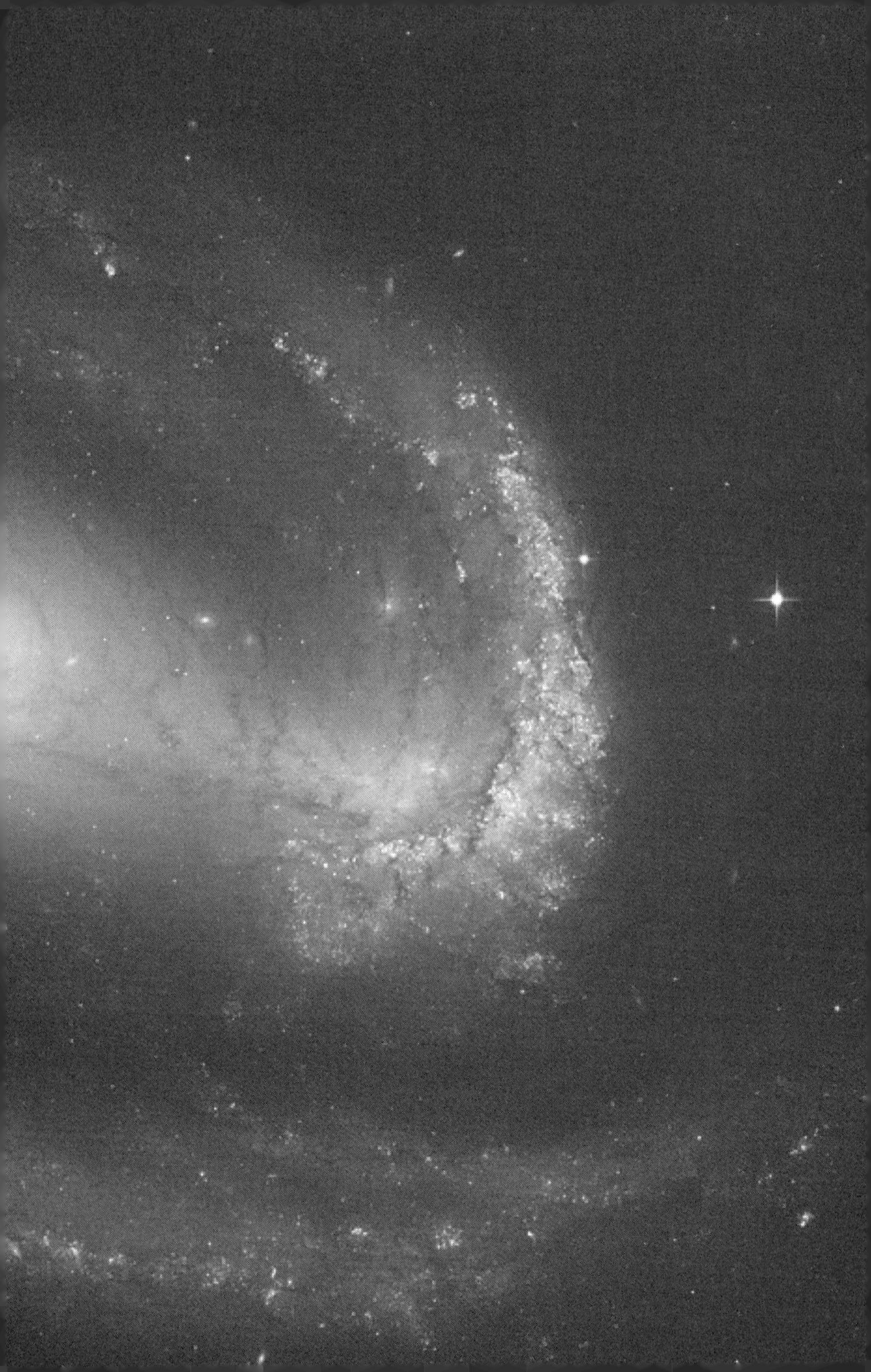

第1章

どうして願いが叶わないのか？

★願いが叶わない「言動パターン」になっていないか？

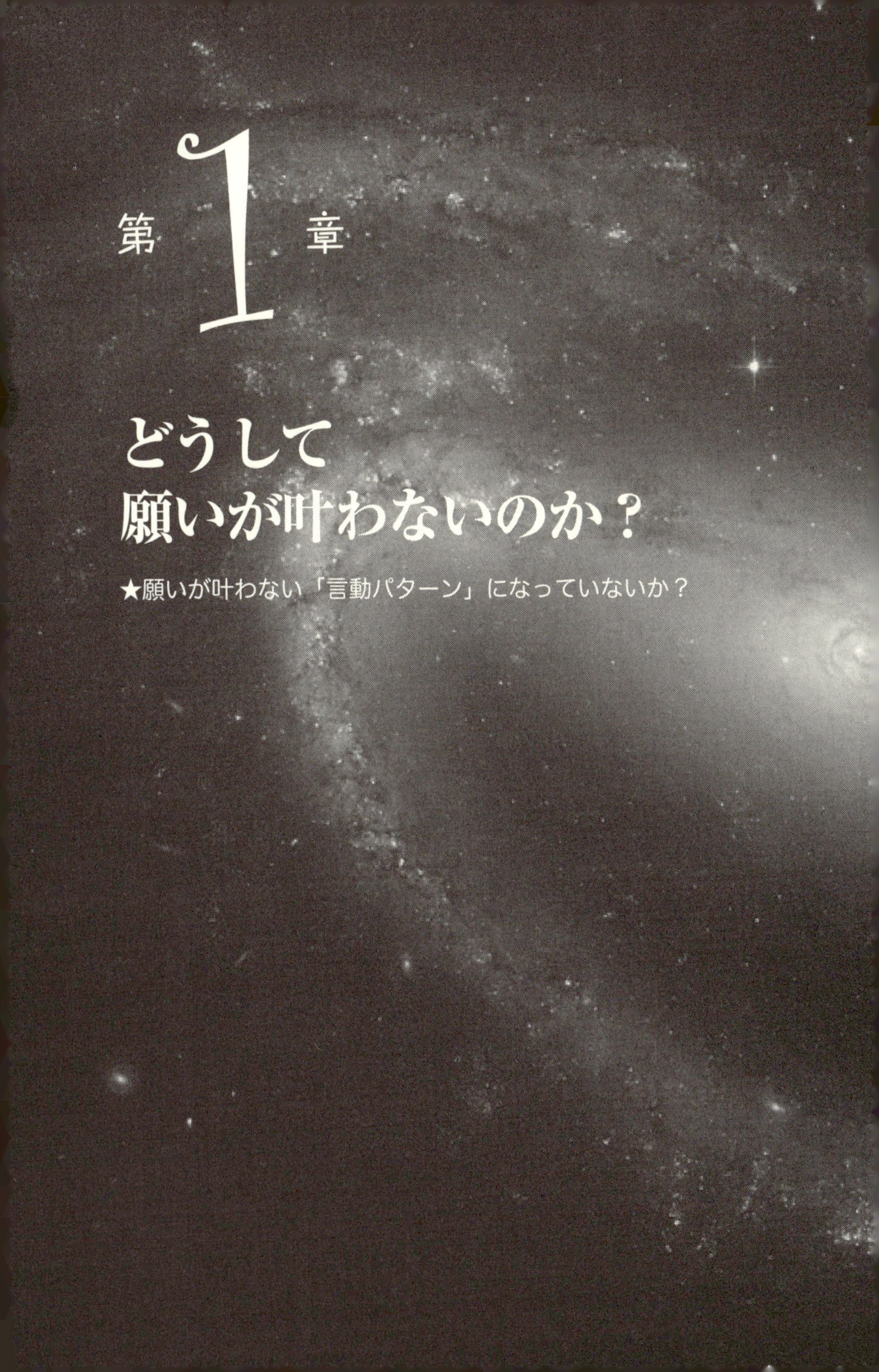

願っているだけでは叶わない!?

今あなたは、どんな願望を持っているのでしょうか。

例えば、

「幸せになりたい。何か自分の能力を活かしたい。何かやり甲斐のある仕事に就きたい。何かで世界を行き来して活躍したい。何かで注目されたい。とにかくお金持ちになりたい。異性にもてたい」

というように〝何となく、何かで〟と、漠然と願っているのでしょうか。

あるいは、

「セレブのようなきらびやかな生活をしたい。毎日着飾ってパーティーをやって、楽しく贅沢《ぜいたく》に暮らしたい。人にちやほやされるような美男美女に変身したい。豪奢な家に住みたい。要人御用達のような高級車に乗りたい」

というふうに、そんな自分やそんな生活に憧れて、夢見るような思いで願っているのでしょうか。それとも、

「作家になりたい。アニメーターになりたい。イラストレーターになりたい。漫

画家になりたい。映画監督になりたい。科学者になりたい。技術者になりたい。医者になりたい。弁護士になりたい。外交官になりたい。政治家になりたい。歌手になりたい。テレビタレントの仕事に就きたい。司会者になりたい。俳優になりたい。プロスポーツで一流選手になりたい。一流選手になって大金を稼ぎたい」

というふうに、もう少し具体的な願望を描いているのでしょうか。

ほかにも人間関係では、

「人とうまくいくようにしたい。理想のパートナーと出会いたい。誰からも愛されたい。注目を浴びていたい。愛してくれる人と幸せな結婚をしたい」

あるいは、

「人生を最初からやり直したい。離婚して再出発したい。離婚して素敵な人と結婚したい」

というような願望とも悩みともつかないような狭間で願っている人もいるでしょう。

仕事面では、

「周囲に評価されたい。認められたい。昇格したい。給料をあげてもらいたい。仕事を辞めたい。転職したい。独立したい」

というような生活に密着した願望もあるでしょうし、ＩＴ産業が盛んな今の社会では、一代で大金持ちになることも可能な時代になってきています。

人によっては、働かないで遊んで暮らしたい、という欲求を持っているでしょう。最近の傾向としては不労所得を得て、のんびりと遊んで暮らすという生活を目標にしている人たちも増えているようです。

心が疲れている人は、

「働きたくない。何もしたくない。何も考えたくない」

というのが願望になっているかもしれません。

こんなふうに自分の状態や状況によって望むものはさまざまで、細かく挙げていけばそれこそきりがないでしょう。

そんな望みの中には、今からでも行動すればすぐに実現できるものもあれば、老化を止めるというような、もともと実現不可能な望みもあるでしょう。

それらはひとまず除外するとして、実際には、そんなさまざまな望みを着実に実現させていく人や既に実現させている人と、そうでない人がいます。

その違いは、一体どこにあるのでしょうか。

自分の条件と相手の条件とが合致しない

一つは、「願い方」の違いです。

前記したように、「幸せになりたい」「お金持ちになりたい」「素敵な恋人がほしい」「異性にもてたい」というのでは、あまりにも漠然としています。

婚活をしている女性は、こういうふうに訴えました。

「どんなに努力しても、全然、願いが叶いません」

「例えば、どんな努力をしているんですか」

と尋ねると、彼女は、ロマンティックな場所で、自分が理想とする男性と知り合って、幸せな結婚生活を送るというイメージを描いていました。そしてそれが叶うように、

「毎日、イメージしています」

と答えました。

「それで、そんな相手が現れましたか」

「いえ、まったくカスリもしません」

実際に彼女は婚活サイトで何度かお見合いをしています。けれども、彼女の望みに合致する男性は、

「なかなか、いません」

と答えました。

「どんな男性と会ったんですか」

最初の男性は、

「年収も合格だし、背も高かったし、長男でもなかったから、条件的にはよかったのですが、自分のことばかり一方的に話をしていて、退屈でたまりませんでした」

「次の男性は、どうだったんですか？」

「ルックスもいいし、背も中肉中背だし、話し方もソフトだったんですけど、年収が、私よりも低くて、恋人にはいいけど、結婚相手ではないと思いました」

「では、次の男性はどうでしたか」

「次の男性は家柄がよさそうで、お医者さんだったので、特徴のない平凡な顔だったんですが、ここが妥協のしどきかなと思ったら、相手のほうから断られました」

こんなふうに彼女に、何人か見合いしたという男性との話を詳しく聞いていっ

たのですが、彼女の口にのぼるのは、「自分の条件」の話ばかりでした。

結婚紹介サイトなので、条件が優先されるのはしかたないのかもしれません。けれども彼女が条件をつけるように、相手も条件をつけているでしょう。互いに条件と条件をつけ合って、条件にこだわっていけば、お互いが納得いくような相手が見つかるものなのかと、そのときは少々疑問に思いました。

というのは、お互いに、そんな「条件」のほうにばかり焦点が当たっていれば、「損得勘定《そんとくかんじょう》」で結婚する可能性が高くなるからです。

損得勘定での望み方が悪いわけではない

損得勘定で結婚することが間違っているというわけではありません。玉の輿、逆玉という言葉もあるように、自分の目標が、高い年収の人と結婚して、リッチに暮らすことであれば、それも一つの願望です。

けれども損得勘定での結婚は、それ以上でも以下でもないとも言えるでしょう。追々話していくことになりますが、「無意識の視点」からみると、損得勘定の結婚であれば、その「結果」も、損得勘定の結婚通りの結果となるでしょう。

例えば、そんな条件は、飽《あ》くまでも「今の条件」です。「今の条件」が、そのまま未来を保証するものであるとは限りません。

「それだって、条件が悪い相手よりは、条件のいい相手のほうが、スタートもいいと言えるじゃありませんか」

確かにそうです。

ただし、条件というのは、外に形として表れるものだけとは限りません。見た眼の条件が好条件であったとしても、それらの中には、「見えない条件」も畳み込まれています。

こんな話を持ち出したのは、実は、この「見えない条件」が、後になって不満として膨れあがってきて相談する、という人たちが多いからなのです。

この「見えない条件」の中で、後々に大きな問題となりやすいのが、相手に抱いている感情です。

愛という言葉に置き換えてもいいでしょう。

愛というと、あまりにも抽象的で、人によっては、

「そんな形に見えないものなんて、何の役にも立ちませんよ」

と言いたくなるかもしれません。

「恋愛と結婚は別だ」

という考え方も、いまだ根強く支持されています。とりわけ結婚しても、

「今どきは共働きしないと、まともな生活なんてできないんですよ」

というような社会状況では、まずは安定した生活の保証に気持ちが奪われがちです。

彼女もこう言います。

「就活だって婚活だって、乗り遅れると周囲から白い目でみられるんですよ。私はもう歳だから、結婚したとしても、すぐに妊活しないと、人並みじゃないと言われて、肩身の狭い思いをするんです」

というふうに、就職も結婚も出産も、彼女にとってはすべて、社会に順応するための「活動」ということになるようです。

自分の〝欲求〟や〝望み〟を土台にする

本来、人間が働くことも、男と女が一緒になることも、子供が生まれることも、自然発生的な欲求に根ざすものではないでしょうか。

スポーツをしたりジョギングしたり散歩をしたりジムに通ったりして、身体を動かした後は気分がスッキリと爽快になったり、ほどよい疲れに心地よさを覚えるものです。これらも身体を動かすという意味においては、仕事となんら変わりません。現代は仕事を「苦痛」だと感じる人が圧倒的に多いのですが、身体を動かすことが苦痛ということでは決してないはずです。

男と女がお互いに惹《ひ》かれれば、できるだけ一緒にいたいと思うでしょう。同じ空間、同じ時間を共有して過ごしたいと思うでしょう。

もちろんその土台となるのは、自分の〝欲求〟や〝望み〟です。

それらを元に、

「こんな仕事の分野に進んで働いてみたい」

「この人と共に生きたい、一緒に暮らしたいから結婚したい」

「二人でいてとても幸せだから、私たちの赤ちゃんがほしい」

という望みを実現させていく営みの中には、愛や歓びや満足があります。

では、これはどうでしょうか。

「仕事をしていないと、後ろめたい気持ちが湧いてきて、隠れて生活しているような気分になってしまいます」

「周囲のみんなが結婚しているのに、私だけ独身でいると、女性として劣っていると言われているような気がしてしまいます」

「結婚したら、子供がいないと、コソコソと身を潜めて生きているような気分になってしまいます。年齢的にも今がギリギリなんです」

だから、

「仕事をしなければならないんです」

「一刻も早く結婚相手を探して、結婚しなければならないんです」

「子供を生まなければならないんです」

こんなふうに考えて自分の望みを達成させようとすればするほど、追い詰められて切羽詰まった気持ちになっていくでしょう。

〝社会〟や〝人並み〟を基準にしていないか

例えば彼女は、
「結婚したい」
と言っています。

言葉だけをみると、それが彼女の心からの願望のように感じるでしょう。しかしその言葉だけでは、彼女が前者の気持ちでそう言っているのか、後者の気持ちでそう言っているのかはわかりません。

もちろんイメージの中で「相手が愛してくれて、幸せな結婚生活を送っている」光景を描くことはできるでしょう。イメージの中では、どんな理想の結婚生活でも展開させることができます。

けれども実際のところは、本当に結婚を望んでいるかどうかわかりません。もしかしたら彼女自身も、自分がどちらの気持ちで言っているか、わかっていないかもしれません。

彼女の根本にある意識は、〝社会〟や〝人並み〟です。彼女の頭の中の大半を占めているのは、常識や習慣や規則や伝統、社会秩序や社会規範といったものです。

これらを自分の人生の基準にしてしまうと、社会がそうだから、周囲がそうだから、みんながそうだから「しなければならない」となってしまいます。

こんなふうに、自分の生き方や判断の基準を外側に求め、それを基準にする生き方を、筆者は「他者中心」と呼んでいます。

彼女は単に流行語として「就活・婚活・妊活」といった言葉を遣っているつもりでいます。

けれども、彼女が条件にこだわり、頻繁にこんな言葉を遣うのは、既に自分の意識が「他者中心」になっているからだと言えるでしょう。

もし彼女が実際に、デートしているときに、そんな条件付きの目で相手をみるとしたら、

「どんなお店に連れていってくれるのだろうか」

「私に、どれだけ投資するつもりがあるんだろうか」

「この人は、貯金はいくらあるのだろうか」

などと、相手の一挙手一投足《いっきょしゅいっとうそく》に目を光らせて、損得勘定で値踏みするように観

察することになるでしょう。

こんなふうに、損得勘定に囚われてしまうのは「他者中心」に陥っているからです。

望みを叶えさせない競争原理と罪悪感

実は、大半の人たちが気づいていないのですが、こんな他者中心の意識が、「自分の願いが叶わない」という結果を招いています。

もちろん損得勘定で計算して判断したり決断したりすることが功を奏する場合も、たくさんあるに違いありません。また、この世の多くが損得勘定で成り立っていると言っても過言ではないかもしれません。

が、その一方で、自分の気持ちを無視して目先の損得勘定に囚われて選択した結果、大きな損失を被ってしまった、あるいはそれが自分の一生を台無しにしてしまったというケースも、夥《おびただ》しい数にのぼるでしょう。

私たちがこれまで、当たり前のことだと強く思い込んでいたことが、逆に、自分たちの「願いが叶わない」という結果を導き出しているのです。

その典型が、損得勘定の大元とも言える「勝ち負けの競争原理」です。

「何がなんでも、この世の中で、戦って勝ち抜き、生き残らなければならない」そんな勝ち負けが高じれば、「奪い合う」へと発展していきます。

奪おうとすれば、相手は奪われまいとします。

奪われるかもしれないと思ったら、警戒心や猜疑心が強くなるでしょう。

奪ったとしても、奪ったものをさらに、奪われまいとして警戒しなければならなくなるので、同じことです。

こんな奪う、奪われるという意識の中には、安心、安堵、平和、満足、歓び、幸せといったものはありません。

今の社会構造が、まさにこれです。

忌憚《きたん》なく言わせていただくと、

「この世の中は、厳しいから、困難に立ち向かって、それを乗り越えるべく強い精神力をつけなければならない」

これも、同じ原理から生じています。

この「世の中は厳しい」や「困難に立ち向かわなければならない」という強い

思い込みを自分の人生の土台に据えれば、まさに自分の人生が「厳しい人生」となっていくのは明らかです。なぜならこれが、自分の人生の土台の、言わば基本的な「入力設定」となるからです。

こんな「入力設定」をしてしまうと、自分では気づいていなくても自分の無意識が、この入力設定を元に、始動することになるからです。

後章でさらに詳しく取りあげますが、もしあなたが、知らずのうちに自分の人生の根底に、こんな入力設定をしているとしたら、あなたの無意識は、確実にその目標に向かって、あらゆる手段を用いながらあなたの〝願望を達成すべく〟行動していくことになるでしょう。もちろんそれは、自分が望む顕在意識での願望とは裏腹に、

「私はこんなに願っているのにどうして、願いが叶わないんだ」

「俺はこんなに努力しているのに、どうして裏目ばっかり出てしまうんだ」

という結果になるでしょう。

もう一つ、自分の願いを達成させないものが、すべての人の中に巣くっている「罪悪感」です。今でも尚、「罪悪感」を〝良し〟とする一般論が蔓延《はびこ》っています。

もちろんこれは、「罪悪感」の定義の仕方によって、異なってくるでしょう。広義には、心から本当に悪かったと思う改悛の情や反省心や慚愧《ざんき》の念や良心の傷み等も、罪悪感に含まれるかもしれません。

ただ筆者自身は、「罪悪感」と「愛から生まれる共感性の傷み」とを、実際にその違いを理解して行動できているかどうかはともかく、概念的には明確に分けています。なぜならそんな罪悪感の中には、まったく「無用な罪悪感」があるからです。場合によっては、それが自分の人生を阻害していることもあります。

ですから、一般的に遣われている罪悪感と、この本の中で言う罪悪感とは異なるということを、頭の隅に置いて解釈していただければ、と思っています。

わかりやすく言うと、「罪悪感」は、自分が罪を犯しているという意識です。自分が罪を犯していると感じれば、そんな罪悪感を消すために、自分を罰したくなるでしょう。

しかも今日《こんにち》の社会においては、常識や習慣や規則や伝統、社会秩序や社会規範といったものを自分の人生の基準とする「他者中心」の生き方によって生じる「罪悪感」がほとんどだと言いたくなるほど、自分を不幸に追い込む罪悪感を人々は抱えています。

大きく言えば、この2点が、自分たちの願望を叶えさせなかったり、一見、自分の願望が叶わない、というふうになってしまう大きな要因となっています。

罪悪感で望みが叶うことを否定している

罪悪感は、自分が罪を犯している意識と前記しました。

罪を犯しているという意識があれば、その罪を消すために、「自分を罰したくなる」でしょう。あるいは、「自分を罰しなければならない」と考えるでしょう。

では、そんな意識があると、どうなっていくでしょうか。

例えばあなたが、

「私は今、なんて幸せなんだろう！」

という気分になったとしましょう。

ところがその瞬間、あなたの中に罪悪感が生まれれば、

「でも私は、こんなに幸せになっていいんだろうか」

と自問することになるでしょう。

もしこのときあなたが、そんな罪悪感から、

「私は、幸せになってはいけない」

というような気分になったとしたら、あなたは無意識に「今の幸せ」を捨てる方向へと進んでいくことになるでしょう。

自分に罰を与えるというのは、自分を傷つける行為と同じです。これは、「自分の行為の責任をとる」ことや「責任を果たす」こととは違います。自分を傷つけたからといって、自分のやったことを償うことにはならないし、責任をとったと言うこともできないでしょう。

「じゃあ、そんなことを考えなければいいのか」

と思うかもしれません。

それでも同じです。

問題なのは、「思考」ではありません。

あなたが〝感じる〟罪悪感が問題なのです。

これを「お金に置き換える」と、自分が望む大金を手にした瞬間、

「私は大金を得てはいけない」

ということになってしまうでしょう。

願望を達成するために最も重要な要素

こんなふうに「他者中心」の意識でいると、自分の望みを叶えようとするときに、自分にとって不都合なことを無自覚のうちにしてしまいます。

こんな「他者中心」の対極にあるのが「自分中心」という概念です。

これは、まず、自分の意識が社会や他者に向いている「他者中心」と違って、意識が自分のほうに向いています。自分のほうに意識を向ければ、自分の気持ちや感情や欲求に気づくでしょう。

自分が今、どんな気持ちなのか。

今、どんな感情を抱いているのか。

自分が今、何を感じているのか。

どんな思考をしているのか。

どんな欲求を感じているのか。

こんなふうに、誰よりも自分自身が、自分の心に気づき、また、それを認めます。

そして、そんな「自分の感じ方」を信頼しています。

自分のそんな「感じ方」を信頼し、それらを基準にして自分の判断や決断や行動の動機とします。

こんなふうに文字を並べると、

「感情なんて非常にあやふやだから、自分の感情や気持ちや欲求の感じ方を基準にするなんて、危険すぎて怖くなる」

と思ってしまうかもしれません。

けれども、実際には、そうではありません。むしろ、他者や社会を基準にした「他者中心」の生き方のほうが、自分との対立を引き起こすために、不都合なことや不適切なことが起こる確率がはるかに高くなるでしょう。

とりわけこの、「自分の感じ方」を信じるというのは、自分の願望を達成するために最も重要な要素の一つです。

「自分の感じ方」のほうに焦点を当てていると、今、自分の眼の前で起こっていることに対して、どんな気持ちでいるかに気づくことができます。

例えば不幸な人を眼の前にしたとき、罪悪感が強いと、

「私が、こんなに幸せであっていいのだろうか」

と、自分の幸せを否定するような思考をしてしまうでしょう。

自分の根底に、競争意識が強くて奪ってでも勝とうとする意識があれば、こんなとき、

「自分のものを奪われるかもしれない」

とばかりに身構えるでしょう。人によっては、そう決めつけて、相手に対して攻撃的な姿勢をとるかもしれません。

こんなとき、「自分中心」の人は、自分が幸せでいることを否定することはありません。むしろ、そんな自分の境遇に感謝できるでしょう。

感謝できるからこそ、不幸せな人の傷みを、自分のことであるかのように〝感じる〟ことができるでしょう。相手の状況を、自分のことのように感じて共感できる「共感性」が育っています。共感できるからこそ、罪悪感を覚えるよりも、

「相手の力になりたい。何か自分にできることがあったら、したい」

というふうに思うのです。

こんなふうに、「他者中心」と「自分中心」では、進むベクトルが正反対となります。まったく同じことを願ったとしても、自分の無意識は顕在意識に反して、自分が無意識のところで強く抱いている感情に沿って発動するので、正反対の結

果になるということが、何となく理解できるのではないでしょうか。

本当の欲求は無意識のほうにある

前出の彼女は言います。

「私だって、やり甲斐のある仕事をしたいし、結婚も子供も、幸せだと感じられるような生活を望んでいます。でも、そんな幸せな家庭を築くには、先ずは就職しなくちゃならないし、結婚できなくちゃ話にならないじゃないですか」

ところが、そう言いながらも、自分の願望がなかなか達成できないのは、どうしてでしょうか。

それは、彼女自身が、結婚することを拒絶しているからです。

彼女は結婚相手に「条件」をつけています。

けれども実際にデートしたとき、彼女は感情レベルで、相手をイヤだと感じています。彼女自身は、相手が自分の条件に合致しないと考えているのかもしれませんが、理由は後付けで、本当のところは、「感情で判断している」のです。

ここが、後に述べていくことになる自分の顕在意識と無意識とのギャップです。

しかも、自分の感情を大事にしていない人ほど、このギャップが大きいために、自分が無意識のところで強く実感している「本当の欲求」が見えません。

彼女が頭の中で描く「素敵な相手と結婚して幸せな家庭生活を送る」という理想を、映画のように想像しイメージ化することはできます。しかしそれは飽くまでもイメージの世界での話です。

そんなイメージはできても、無意識のところでは、

「私は、絶対に幸せになんて、なれっこない」

などと強く思い込んでいるかもしれません。

もし彼女が、仮に「絶対無理だ」と思い込んでいるとしたら、その「絶対無理だ」が実現することになるでしょう。

これが〝無意識の力〟なのです。

「愛は保証されない」という見えない条件がある

「今の条件」は、未来を保証するものではないと前記しましたが、これは、どういうことでしょうか。

例えばある女性が、

「結婚適齢期が過ぎてしまうから焦っていて、とにかく条件に合う相手であれば、誰でもよかった」

あるいは、

「失恋したので、絶望的になっていて、誰かに心の穴を埋めてほしかった」

といった動機から結婚したとしましょう。

そこには、「相手を好き」という愛がありません。多少の情があったとしても、ランクで言えば、かなり下のほうに位置するでしょう。

そんな条件や理由で結婚したときには気づきませんが、このときの見えない条件が「愛は保証されませんよ」ということなのです。

結婚すれば、未来において「夫が病気したり、会社を解雇されたり、休職してしまう」ようなことも起こり得ます。

けれども、「今の条件」に囚われていて「見えない条件」に気づかなければ、未来にどんなことが起こるかまでは想定できません。そのために「今の条件」が永遠につづくかのように錯覚します。

こんな条件外のことが起こったときに初めて、「見えない条件」を考慮せずに結婚したことが表面化してきて、

「みんな幸せになっているのに、どうして私ばっかり、不幸な目に遭《あ》うんだろう」

と恨めしく思うようなことが起こったりするのです。

心の奥底に〝恐れ〟が潜んでいる

もう一つ、無意識の点から言うと、婚活が成就しにくいのは、結婚することに恐れを抱いているからなのかもしれません。

彼女の「婚活」というのは、飽くまでも、一つの例です。

どんな場合でも、物事が遅々として進まないとしたら、恐らく心のその奥に、

さまざまな〝恐れ〟が潜んでいます。

そこで彼女に、こんなことを聞いてみました。

「じゃあ、あなたが理想とする条件をすべて備えている男性が、あなたの前に現れたら、どう思いますか」

「嬉しいですね」

「嬉しくて、どうしますか」

そう訊《き》いたときに、彼女の言葉が詰まりました。

「完璧に理想通りの男性が、あなたに話し掛けたら、あなたは和やかに話をすることができますか。リアルに想像してほしいんですね」

彼女は口ごもりながら、

「うーん、ちょっと、無理かも……」

「楽しく会話が弾む光景を、抵抗なくイメージできるでしょうか？」

「いいえ、できません……」

「そんなあなたをみて、相手の男性は、どう思うと思いますか」

「好きにはなってくれないかも……」

話を進めていくうちに、彼女は結婚願望を抱きながらも、実際には、男性と一

緒にいることに対して息苦しさや窮屈《きゅうくつ》さを覚えて萎縮《いしゅく》してしまう自分がいること
に気づいたのでした。

例えば、恋愛や結婚というのは、仕事で一緒にいるとき以上に「親密な距離」
になります。

そのために、相手に合わせようとしたり従おうとすれば、苦しくなるでしょう。
相手が「自分のことをどう思っているか」などと勘繰り始めたら、相手の言動が
気になってしかたがないでしょう。相手が自分より上に見えたら、引け目を感じ
て卑屈な気持ちになるでしょう。

相手と会話のキャッチボールができなければ、ますます自分に自信をなくして
いくでしょう。

とりわけ相手とキャッチボールができるようなコミュニケーション能力は、一
朝一夕《いっせき》に身につくものではありません。

わざわざ「願望が達成できない」ようなことをしている

どんなに彼女が「素敵な相手と結婚して幸せな家庭生活を送る」ことを願って、例えば、

「願望が達成できるように、神社仏閣巡りをしました」

「人生を変えるために、服の整理をして、無駄なものを捨てました」

「運がつくように、毎日、きれいに部屋の掃除や片付けを続けています」

といった努力をして、仮にそんな方法が、自分の運気を高める効果があるとしても、それは、「コミュニケーション能力」とは別問題です。少なくとも、そんな方法でコミュニケーション能力を獲得したり、そのスキルを上げたりすることはできません。

スポーツ選手がイメージ法で能力を伸ばすのは、実際にトレーニングをしながら、その中でイメージ法を活用するからです。

どんなに頭の中で相手と会話が弾み、一緒に楽しい時間を過ごしているイメージを抱いたとしても、自分の中に、「相手と一緒にいる恐れ」を抱いていれば、

自分が望む理想を叶えることは難しいでしょう。

反対に、そんな「理想」と「現実の私」との差を比較してしまうと、「そんな自分」になれない自分に失望して、いっそう自信をなくしていくかもしれません。

そもそも、生身の相手とレッスンしなければ、コミュニケーション能力を磨くことはできません。そんなチャンスを避けていて、「相手と一緒にいるスキル」が上達することはないでしょう。

こんなふうに、願望を達成できない人は、自分の望みを叶えたいと切望しながらも、実際には、まるで、わざわざ「願望が達成できない」ようなことをしているのです。

願いが叶わない言動パターンになっている

ちなみに、「お金持ちの男性と結婚したい」という彼女に、お金に関しては、どんな努力をしているかを聞いてみました。するとやっぱり同じように、

「お金を払うときは、そのお金がまた自分に戻ってくるようにイメージをしてい

ます。お金が入ったときには、〝感謝する〟ようにしています。最近、長いお財布を買いました。お札を折ると、逃げていくというでしょう？」

「それでお金が入るようになってきましたか？」

と、似たような質問をすると、彼女からも、

「いいえ、全然」

と、似たような答えが返ってきました。

もちろん、それは予測していたことでした。なぜならそれは、彼女の「無意識の言動パターン」だからです。

彼女のケースは、前にも述べましたが、飽くまでも一つの例です。

彼女の例でもわかるように、「自分の願いが叶わない」人は、実は、自ら「願いが叶わない」ように動いています。

もちろん「願いが叶わない」と思っているのは自分の顕在意識でのことです。

無意識の視点からみると、むろん、そうなってしまう理由があります。自分の〝顕在意識の願望〟と、〝無意識の願望〟とのギャップに気づかず、「自分の願いが叶わない」と思っているのです。

「願いが叶う人」と「願いが叶わない人」との違いが、ここにあります。

自分の願いが思った通りに叶っている人は、そういう意味では、顕在意識と無意識のギャップが少ない人だと言えるでしょう。

その違いは大きく言えば、即ち「他者中心の人」と「自分中心の人」との違いとも言えます。

第2章

もしも願いが叶ったとしたら？

★願いが叶う人は最初から叶うように入力設定している！

願いが叶う人は最初から叶うように入力設定している

自分の願望を達成できる人たちは、そもそも、元から願いを実現させる資質を備えていて、自分の人生のひな形とも言える「信念」や、それを土台として構成される「言動パターン」も、既にうまくいくように設定されてしまっています。

こんなふうに一刀両断に斬り捨ててしまうと身も蓋《ふた》もないと思われるかもしれませんが、無意識の視点からみると、そうとしか言えないほど、物事は、見事に、自分が無意識で信じている通りに進行しています。

無意識のところで人が信頼できると信じていれば、信じられることが起こるし、人は信用できないと信じていれば、信じられないことが起こります。「私は愛されない」と信じていれば、愛されないことが起こります。

ここで言うところの「信念」とは、感情レベルで実感している強い思い込みや固定観念を意味します。

この信念は、正しいかどうかは関係ありません。自分がそうだと「強く固く信じている」ことです。間違っていても間違っていなくても、自分が「これが正しい」と信じていたり、経験則で強く実感していると、その強い意識や実感が「人生の信念」となるのです。

これらに準ずる一般的な通念を挙げると、例えば、大半の人が、

「成功するには、戦って勝たなければならない」

と信じているのではないでしょうか。本当は、これも〝思い込み〟の産物です。その思い込みが強ければ強い人ほど、「戦う人生」となっていくでしょう。また、その戦いのレベルも、自分の思いの強さに応じて激しくなるでしょう。

もちろん戦って負ける人もいれば、戦って勝つ人もいます。こんな結果もまた、自分の信じるレベルに依るところが大きいでしょう。ただ、いずれであっても「戦わなければ望みが叶わない」というのは思い込みです。

強い〝思い込み〟という点においては、

「現実の社会は非常に厳しい」

という見方もそうでしょう。この社会が大多数にとって生きづらいと感じるものだとしても、快適で充実した生活に非常に満足している人たちもいて、それがすべての人にとっての「事実」というわけではありません。

また、仮にそういう現実があったとして、自分がそれを強く信じているほど、

いっそう「厳しい人生」となっていくでしょう。

自分の「人生の信念」というほど強固ではないとしても、「社会に適応できるようにならないと、生きていけない」も、広義に捉えれば信念の一種と言えるかもしれません。もちろんこれも〝思い込み〟だと言えるでしょう。

どうして筆者がこれらを〝思い込み〟と言うのかは、後章で折々に触れていこうと思いますが、こんなふうに見ていくと、私たちの周辺には、どうも、間違っている通念や常識、偽の情報を事実だと思い込んでしまっていることがたくさんありそうです。

そんな思い込みを、自分が「事実だ」と信じれば信じるほど、それは「自分にとっての真実」となっていくでしょう。

ここで言う「信念」とは、言わば人生の入力設定のようなものです。

自分の人生の礎ですから、気づいていても気づいていなくても、信念に基づいて考え、そして行動していきます。ですから、自分がどんな信念を持ち、どんな言動をとっているかに気づかない限り、ほぼ自動的に同じパターンで物事を処理しようとしては、同じパターンに陥っていくでしょう。

成功する人は既にそれが当たり前になっている

では、自分の願いを実現できる人は、どんな信念を持っているのでしょうか。

まず、自分中心と他者中心の分量でいえば、周囲や他者に囚われて気にしたり、自分に対する相手の思いを推し測ったり勘繰ったりする他者中心の分量は、はるかに少ないでしょう。自分の感情や気持ちや欲求を満たすことを、心から認めていて、自分の願いが叶う人ほど、自分を認めている分量は多いでしょう。

そんな土台があると、実際にうまくいく確率が驚くほど高くなりますし、それを特別なことだとも思わなくなるほど信じます。そんな経験の積み重ねによって、

「行動すれば、必ずうまくいく」

ということが自分の「信念」になっているかもしれません。

自分の好きなことや楽しめることを優先していると「成功する」確率が高くなります。自分の好きなことや熱中できることですから、説明するまでもないでしょう。彼らは、

「今は、自分のことだけをやっていられる環境ではないですから」

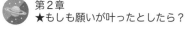

などとは言いません。楽しいし面白いから、環境や条件に囚われずに実行するでしょう。楽しいし面白いから追究し探求します。そんな経験の積み重ねによって、自分の信念が、

「成功するのが当たり前」

となっている人もいるでしょう。

人に不思議に思われるほど、軽々と自分の願いを実現させていく人もいます。

他者からみると、どうしてそうなるのかがわかりません。

そんな人たちは、必死になって努力しているようにはみえません。歯を食いしばって苦労しながら頑張っているようにもみえません。人の何倍も働いているようにもみえません。苦境に立たされることもなく、まるで約束されたかのように、実現していきます。

そんな人物を目の当たりにすると、

「あんなふうに、運がいい人間も、中にはいますよね」

と、〝運〟のせいにしたくなる人もいるでしょう。

いろいろな理由を持ち出して、例えば、

「あの人は、もともと裕福だから、好きなことができるんですよ」

と羨む気持ちや妬み僻みも手伝って、こう言いたくなるとしたら、既にあなたは「私は成功しない」と自分で決めつけているも同然です。

物事が自分の願った通りに展開していく人たちの中には、
「うまくいくかどうかなんて、考えたこともありません」
と答える人もいます。

そんな人たちは、それが「うまくいくかどうか」といった疑念すら湧かないほど、あるいは「成功」という言葉すら思い浮かばないほど、「成功する感覚」が定着しています。

一日が24時間であることに誰も疑問を抱かないように、彼らは、そんな感覚を明確に分析したり言葉でうまく説明できないとしても、既に生まれながらにうまくいく方法を身につけています。

もちろんそんな人たちは、人と戦うことに熱中していないし、良くも悪くも罪悪感の分量も驚くほど少ないでしょう。決して好ましいことではないのですが、人間としての良心が驚くほど希薄な人もいるかもしれませんが、「無意識は善悪を判断しない」ということも、認識しておくべきことだと思います。

〝お金がなくても幸せ〟というのはちょっと違う

物事が自分の思った通りに進む人は、

「失敗するかもしれない、なんて考えるよりも、行動したほうが手っ取り早いんじゃないでしょうか」

と言うほどに、「失敗」のことも「成功」のことも頭にありません。

言い換えると、彼らは、自分の気持ちや感情や欲求を基準にして、自分のために行動できる「自分中心の人」と言えますし、無意識の視点から言うと、顕在意識と無意識とのギャップが小さい人、となるでしょう。

もっとも、何をもって「成功」というのか、という課題もあります。

それは、名誉、地位、財産やお金、名声、権力、若さや美しさや健康といった物質的なものなのでしょうか。それとも、自分が物事に熱中して取り組んでいる姿勢や人との関わりで感じる幸福感や満足感や充足感といった精神的なものでしょうか。

「幸せ」に関しても、人それぞれでしょう。

「お金さえあれば、何でも手に入れられて、満足できる」と思っている人もいるでしょう。

人に崇拝されたい、羨望の的になりたい、注目を浴びたい、賞賛されたいという欲求を満たすことを、人生の最大目標にしている人もいるでしょう。

「地獄の沙汰も金次第」という慣用句があるように、〝お金がなくても幸せ〟というのも少々違うように思います。

なかなかお金持ちになれない人たちの中には、一攫千金を狙う人がいます。

これも、望み方次第では、叶うでしょう。

ただし、注意が必要です。

なぜならそれは大抵の場合、「成功して失敗する」という波乱含み、あるいは丁か半かという博打的なパターンだからです。

つまりこれは「成功して失敗する」でワンセットのパターンです。

例えば、〝超〟とまではいかないにしても「大金持ちになれる。富豪になれる」を売りにしたネット商法で話題になっている人たちがいます。これまでずっとお金で苦労している人たちにとって、「すぐに大金が転がり込んでくる」という謳い文句は非常に魅力的でしょう。

けれども、信念という点で、「丁か半か」、つまり「ゼロか１００」の発想は、自分の言動もその選択の仕方も「ゼロか１００」となっていきます。そのために、いきなり大金が入るというのは、いきなり大金を失う可能性の高いパターンだということを、しっかりと認識しておいたほうがいいでしょう。

戦っても「負ける」と思い込んでいないか

明らかに戦っているにもかかわらず、自分が人と戦っていると気づいていない人たちがたくさんいます。「戦う」ということを、あからさまに暴力的な言葉でやり合ったり暴力行為に及んだりすること、というふうにイメージしているからなのかもしれませんが、心の中で、相手に罵《ば》詈《り》雑言《ぞうごん》を浴びせたり、相手を責めたりするのも、戦っているということです。反対に、自分を責めていれば、自分と戦っています。

この戦うという観点で言うと、戦って「勝つ」と信じている人もいれば、戦っても、最後には「負ける」と信じている人もいます。

顕在意識では「今度こそ勝つぞ」と思って戦いの中に入っていくのですが、無意識のところで「最後には負ける」と自分が信じていれば、まず「最後には負ける」に違いありません。

自分が戦うことに関して、どう思っているか。どんな結末になると信じているのか。そこを見極めないと、自分では大きな野心を抱いて取り組んでいるつもりであっても、うまくいかないでしょう。なぜなら、どんなに、

「私（俺）は、戦いに勝ち抜いて勝利するぞ」

と叫んだとしても、無意識のところで勝つことに罪悪感や恐れを抱いていれば、その罪悪感や恐れが、自分の進む道を邪魔するからです。

もちろん、すぐに負けてしまうわけではありません。あるときまでは、破竹の勢いでばく進するかもしれません。

パチンコをやった経験のある人だったらわかるかもしれません。

大当たりで、玉が噴水のように溢れ出て、ぎっしりと詰まったドル箱が何個も積まれていくとき、ふと、

「どれだけ出るんだろうか。こんなに出ていいんだろうか」

などと仄《ほの》かな恐れで疑念を抱いた途端、噴水の栓を止めてしまったようにいき

なり出玉が止まってしまった、ということはありませんか?

いったん崩れると、開かずの間のように、もう二度と、その扉が開くことはありません。それでも、「夢をもう一度」とばかりに、玉をつぎ込みます。ぎっしりと詰まったドル箱が、ひと箱、またひと箱と消えていきます。

カジノを舞台にした映画でも、こんなシーンがあるものです。

途中で止めればいいのですが、「夢をもう一度」に取り憑かれていると、やめることができません。そして、アッという間になくなってしまいます。それで終われば、まだ救われます。けれども、「夢をもう一度」を取り戻そうとするあまり、絶対に無理だと思われる状況になっていてもムキになって、さらに大金をつぎ込む、というふうに、自分のそんな意識が「負ける」に導いていくのです。

無意識はすべてを記録しプールする

もちろん、前章で述べたように、本当は自分の願いは叶っていないように思えても、無意識の視点からみると、願いは叶っています。

叶っていないように思えるのは、顕在意識で望んでいることと、無意識に望んでいることや強く信じていることとの間に、ギャップがあるからです。このギャップが大きいほど、表面的には「願いが叶っていない」ように、映るでしょう。

願いが叶わないと思っている人たちは、この差に気づいていません。

また、気づかないで「願いが叶わない」という実感を強く抱けば、その強さに応じてさらに「願いが叶わない」を増幅させていくことになるでしょう。「願いが叶わない」を心のメモリに保存し、さらにワンランク上の「願いが叶わない」を上書きしているようなものなのです。

私たちの意識は、私たちが思い描く以上の能力を秘めています。どれほどの力があるかなんて、証明のしようがありません。

いったい意識は、どこに存在するのか。

脳の中にあって、脳の機能なのか、それとも肉体とは別に〝心〟というものがあるのか。あるいは、意識は、肉体に限定されるものなのか、それとも肉体を超えるものなのか。超能力として分類されるものはどうなのか。植物に意識があるか否かといった研究もなされています。

はたまた意識は、肉体が朽《く》ちても存続するのか。時間空間を超えるのか。未来も知っているのか。さらには、物理学の世界で追究されている過去・現在・未来が同時に存在するというのはどういう状態なのか。総じて言うと、まだまだ私たち人類は、「意識」というものを解明できるレベルには達していないようです。

ですからここでは、一般的な心理学の範囲に話を限定して、無意識は少なくとも、自分では気づかなくても、自分が見聞きするすべての経験を記録しプールしていくと定義しておきましょう。

こんな意識だけでなく、私たちには、人間の進化のプロセスが遺伝子として組み込まれてもいます。

これらの記録のすべてを元にするとしたら、無意識が、未来を予測することなぞ、いとも簡単にできるのではないでしょうか。あるいは、これまでの自分の言動パターンから何を選択するかも、かなりの精度で予測できるでしょう。

偶然であっても必然であっても、願いは叶わない

物事や出来事は、偶然起こっているということが、社会通念になっています。

「惹《ひ》き寄せの法則」やシンクロニシティを信じていて、「すべてが偶然ではなく、必然的に起こっている」と信じている人も多いかと思いますが、全体からするとかなりの少数派ではないでしょうか。

ここでは、そういった現象の真贋《しんがん》を問おうと言うわけではありません。ただ、実際のところ、とりわけ「願いを叶える」というテーマに関しては、自分が体験していることが偶然であっても必然であっても、残念ながら大差がありません。

どうしてでしょうか。

なぜなら、起こっていることが偶然であっても必然であっても、「願いを叶えるためにどうすればいいか」という命題に対する答えは得られないからです。

例えば今あなたは、「自分の願いがなかなか叶えられない」と悩んでいるとしましょう。

なぜ叶わないのか。

このときもしあなたが、偶然ではないと信じていたとしたら、

「これも偶然ではない。必然的に起こっていて、願いが叶わないのは、何らかの原因あるいは理由があるからだ」

と考えるでしょう。

では、「その原因あるいは理由は?」と考えたとき、あなたは、明確な答えを知ることができるでしょうか。

従来の方法では、多くの場合がそうでした。それが偶然であっても必然であっても、「願いが叶わない」という〝状態を知る〟ことはできます。けれどもあなたが、その理由まで知ることはできません。

これが限界です。そのために、

「どこをどう変えていったら、自分の願いを叶えられるのか、皆目見当がつかない」

という結論で終わっていたのではないでしょうか。

わからないからこそ、色々なグッズを持ったり、身につけたり、神社仏閣詣でをしたり、占いに凝ったり、さまざまに流布されている方法を試していたと思うのです。確かに、自分の意識を変えるきっかけをつくるという点においては、どんなものでも、それなりの効果が期待できるでしょう。

とは言え、それらが、自分の人生のひな形とも言える信念や言動パターンの、どこをどう変えたらいいのかまで教えてくれることはありません。筆者は、自分中心心理学が他と一線を画するのはこの点だと自負しています。

叶え方の答えは日常生活にある！

それを知る方法は、まさに、私たちの日々の生活の中にあります。

私たちが一つ一つ、自分が現実に体験することの中に、ヒントや答えが隠れています。

もっとも、物事は無秩序に起こっていて、自分が体験することも偶然の産物だから、そこから何らかの秩序や法則性を発見しようとするのは馬鹿げているという見方をしている人には、何も見えないでしょう。

また、他者中心になって、周囲や他者のことばかりに気をとられていても見えないでしょう。

かといって「物事に偶然はない」という捉え方だけで見えるものでもありませ

ん。

それは頭であれこれと考えることではありません。自分中心になって、実際に起こっている事象を、顕在意識と無意識の両方の視点から見ることができたとき、答えが得られるでしょう。

自分に起こっている出来事を、

「そうか。願いが叶わないのは、本当は自分の根底に、こんな意識があったからなんだ」

と理解することができたとき、どうすれば願いを叶えることができるかの、具体的な方法論が見えてくるのです。

例えば、今、経済的に苦境に陥っている人がいるとしたら、その人を目の前にして、あなたはどんなふうに感じたり考えたりするでしょうか。

このときあなたが経済的に恵まれているとしたら、あなたの感情に、何らかのさざ波が立つでしょう。それが同情であるのか、後ろめたさであるのか、慈愛の心であるのか、いずれにしても、自分がどんな気持ちになるのかは、実際に、そんな場面に遭遇してみないとわかりません。

そのときあなたは、心から相手の境遇に心を痛め、手を差し伸べようとするかもしれません。けれども人によっては、相手を危険な人物と認識して、恐れを抱くかもしれません。

中には、そんな相手に対して、優越感を覚えたり、復讐的な快感を覚える人もいるかもしれません。

あるいは、たった今の瞬間までは幸福感に満たされていたとしても、相手の姿に触発されて、

「私だって、こんな幸せがいつまでも続くわけがない。この人のように、自分もいつか不幸が襲ってくるかもしれない」

などと考えて、不安に襲われるかもしれません。

こんなふうに、同じ場面に遭遇しても、その反応や考えることは人それぞれです。

実際に、そうやって体験しているその時々の中に、自分自身があらわれています。その瞬間に感じたり考えたり反応することが、まさに「自分自身」なのです。それに気づいたときに、自分の何が原因であり、どこに理由があって「願いが叶わないか」を知ることができるし、それを改善したり軌道修正したりすることができるのです。

もしも「スポーツ選手になって優勝したい」が叶ったら

結局、私たちは、自分が見ようとしないものは見えません。「見たいものしか見えない。見たくないものは見えない」というのが、私たち人間の一面であるし、また、それが「思い込みの力」だとも言えるのです。もちろん無意識的にはそう思い込んでいたい理由があります。

ただはっきり言えるのは、自分の願いが実現することを心から受け入れて、「自分にその価値がある」と認められる人はほとんどいないということでしょう。

ではもしここで、今あなたが望んでいることが、実際に叶ったとしたらどうなるでしょうか。

例えばあなたは、自分が願った通りに、スポーツ選手として優勝を飾り、一斉に注目を浴びました。

こんな立場になったとき、あなたはどんな気持ちになるでしょうか。

大勢に向かって諸手を挙げ、観衆の声援に応えているとき、あなたは人生最大の歓びに溢れています。

新聞にはデカデカとあなたの記事が載ります。テレビもあなたの快挙でもちきりです。どこに行っても囲まれて、あなたが歩く度に、あなたを囲む人の輪がついてきます。

そんな環境の大変化に、あなたは有頂天《うちょうてん》になるかもしれません。

ではそのあと、お祭りのような熱狂も去り、ひとりになったときどんな気持ちになったりどんなことを考えるでしょうか。

今度も、必ず優勝するぞ、とガッツポーズをとるかもしれません。

これからも、みんなの期待に応えるぞ、と新たに決意するかもしれません。

以後も、行く先々で、

「今度も期待していますよ。絶対に優勝してくださいね」

と熱烈なエールを送られたら、どうでしょうか。

ふと、

「みんなの期待に、〝応えなければならない〟」

と考えた途端、プレッシャーを覚えるに違いありません。

さらには、

「今度も、絶対に優勝しなければならない」

と考えたら、いっそうプレッシャーを覚えるでしょう。

あるいは、そのはずみに、一気に優勝の座から転落する自分を想像したら、それだけで怖くなってしまうでしょう。

もしあなたが、そうやって段々、

「みんなの期待に応えなければならない。でも、できなかったら、どうしよう」

と考え始めて、

「優勝できなかったときの、みんなの視線が怖い」

などと恐れるようになってしまったら、あなたはすっかり自信をなくして、

「なんとか出場しなくて済むようにならないだろうか。それも、みんなが同情してくれるような方法は、ないだろうか」

などと心の中で強く願うようになるかもしれません。

そんな心理状態に陥ったときに、小さな事故で怪我をしてしまったとしたら、あなたは悔しがるかもしれませんが、無意識のところでは、

「ああ、出場できなくなってよかった」

と、胸をなで下ろすかもしれないのです。

こんなふうに、どんなにあなたが顕在意識で自分の願いが実現するように思っているとしても、その願いが叶ったら、あなたの無意識は、あなたがどんな状態になるかを熟知しています。そんなプレシャーにとても耐えられないと知っています。だから、あなたの無意識は、「願いが叶わない」ほうがいいと判断しているのかもしれないのです。

もしも「誰からも好かれたい」が叶ったら

人間関係で相談を受けるとき、

「みんなと仲よくしたい」

「誰からも、好かれたい」

と答える人が少なくありません。

そのとき、こう尋ねます。

「あなたには、苦手な人や嫌いな人はいないんですか」

「一人もいません」と答えた人は、少なくともこれまでは皆無でした。

でも、

「私は、私が嫌いな人からも、好かれたいんです」

と答えた女性がいました。

「自分が嫌いな人に好かれたら、どういうことになるか、想像したことはありますか」

彼女のイメージの中にあるのは、嫌いな相手と自分との接触はなく、「遠くで自分を好きでいてくれる」というものでした。けれども、現実は違います。

「あなたの嫌いな人が、あなたに『今日、一緒に食事をしたい』と誘ってきたら、どうしますか」

こう尋ねたときに、初めてリアルに想像できたのでしょう。

「気分悪いですね」

と答えました。

「気分悪かったら、どうしますか」

「断ります」

「断れば、嫌われるかもしれませんね」

ここにきてようやく彼女は、自分の願いが矛盾していることに気づいたのでした。

さらに話を進めると、彼女は「断る」と答えたものの、本当は断ることすらできないようでした。もし彼女が断るとしたら、恐らく、相手と関係が悪くなるような拒否的な態度や言い方になるでしょう。そもそも「誰にでも好かれたい」と願うことが、「人と等身大でつき合ったことがない」ことの証左だとも言えるでしょう。

彼女は顕在意識では「誰にでも好かれたい」と願うけれども、無意識のところでは「人とつき合うのが怖い」と感じていて、実態は、自分が傷つかないように、自ら人を遠ざけていたのでした。

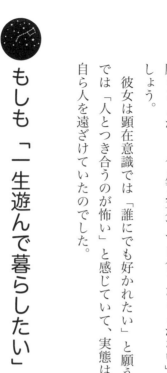

もしも「一生遊んで暮らしたい」が叶ったら

自分の願いは確かに実現しているのですが、「自分がイメージする叶い方」と、無意識が知っている自分の実像を元にした叶い方とのギャップがあって、「願いが叶っていない」と見える場合もあります。

ある男性は、一生遊んで暮らせるような人生を夢見ていました。彼が頭で描く

「一生遊んで暮らす」は、潤沢なお金があって、友人知人に囲まれて、プールのあるような大きな屋敷で、毎日パーティーをやって豪勢に楽しむというものでした。

無意識から言うと、彼の願いはそれほど難しいことではありませんでした。その思い通り、彼は会社を解雇されて、すぐさま「何もしないでいい」という願望は達成されました。親元にいれば、当分は働かなくても暮らすことができます。

「でも、蓄えがないから、遊んで暮らすなんて不可能です」

ここが顕在意識と無意識のギャップです。

確かに彼がイメージするような〝遊んで暮らす〟は達成されていません。けれども彼は、元々、そんな遊び方を知りませんでした。彼のイメージするような遊び方をするのも、ある意味技術です。スキルが必要です。酒に溺れるような自滅的な遊び方はできても、満足できるような遊び方はできないでしょう。

贅沢に遊ぶ資金をどこから調達するかはさしおいて、例えば、仲間とのつき合い方はどうなのか、どんな遊び方をするのか。それ以前に、人づき合いやコミュニケーションをとることすら苦手な彼が、そんな仲間をつくることができるのかどうかも、怪しいところでした。

それにまた、彼は無意識のところでは、決して働かないことを望んでいたわけではありません。「遊んで暮らしたい」は建前で、

「仕事をしなければならない。でも、仕事をするのがつらい、自信がない」

というのが本音でした。

彼が実感している無意識のレベルでは、「家で仕事をしないで暮らす」というのが最も彼の意識に合致した叶い方だったのです。

もし「社長になりたい」が叶ったら

ある男性は、会社の社長になりたいという願望を抱いていました。

社長という地位に対して、どんなイメージを抱いているのか訊いてみると、

「社長になれば、人にこき使われないで、威張っていられます」

「社長になると、部下に命令することができます」

「みんなが頭を下げてくれるので、気持ちがいいじゃないですか」

こんなことを、彼は無邪気に答えます。本当にイメージだけの世界です。

そんな夢を打ち砕くのは切なかったのですが、

「あなたが命令してやらせたことが、うまくいかなかったら、どうしますか」

「部下を叱ります」

これも、彼はイメージで答えています。

「具体的には、どんなふうに、どんな言い方で叱りますか」

というふうに突き詰めていくと、明るかった彼の顔色が変わりました。それはイメージの世界から現実の世界へと意識が移行したことをあらわす瞬間でした。

例えば、それによって大きな負債が生じたとしたら、叱ったからといって、その負債が帳消しになるものではありません。それをどう補うか、どうやってそれが拡大することを防ぐか。具体的に指示しなければなりません。

「社長に決定権があるということを、どういうふうに捉えていますか」

彼の表情が見る間に曇っていきました。

「決定権があるということは、その全責任が自分にある、ということです」

責任という言葉を聞いて、彼はますます身を縮めました。

「あなたの決定で、社運が決まってしまいます。自信があってもなくても、あなたが決断しなければなりません」

部下に対して、社長は自分で判断して、自分で決めて、自分で指示しなければなりません。問題が起こったら、最終的な責任は社長が負います。問題解決能力があるか否か、社長の器が問われます。こういったもろもろのことを、最終決定するのは社長です。

こんなふうに煮詰めていくと、彼が顕在意識でイメージしている「社長はちやほやされて、気分がいいだろうなあ」と、無意識が彼の資質や可能性をトータルではじき出している彼の社長像とは、あまりにもかけ離れていました。

もし仮にそんな彼が「社長になりたい」を実現させたとしたら、大きな負債を抱えて倒産する寸前のような会社の社長になっているでしょう。彼の無意識は、それを知っているから、「社長になりたい」がなかなか実現しないのも道理だということなのです。

もし「大金持ちになりたい」が叶ったら

お金持ちになりたいとは、誰もが願うことだと思います。むしろこれは、心から願ってほしいと思います。逆に、心から願っている人は、あまりいないと言っていいでしょう。

「お金なんて」とお金を毛嫌いしたり軽蔑的な気持ちでみたりする人も、お金にこだわっていることに変わりはありません。ただ、お金に対してネガティブにこだわっている、ということになります。

あまりお金のことだけにページを割くことはできませんが、例えば、「お金＝貪欲」という思いや、「お金＝醜悪《しゅうあく》」あるいは「金持ち＝汚い」という、まるでお金を憎むような気持ちを抱いていると、お金がらみで苦労することになるでしょう。なぜなら、これも「一種の〝願望〟」だからです。

お金を憎んでいるのは自分自身です。これは自分のリアルな感情です。そのために、お金に関して憎いという感情が絡み合うような出来事を、自分が引き起こしていくことになるでしょう。

ほとんどの人がお金持ちになることを願いながらも、その一方で拒否していま す。お金は「不浄」だという思い込みが、いまだに根強く一般人の間に染みつい ています。

こんな意識は、自分自身が体験から学んだものではないはずです。

あたかも貧乏が美しいことのように流布する人もいますが、そういった人たち が貧乏であった試しがない、そう言いたくなるほど、貧乏が美しいというのは、 つくられた虚像です。

きらびやかに着飾って全身を宝石でかため、贅沢の髄《ずい》を極めるだけがお金持ち ではありません。大自然の中で、自然と親しみ、派手な生活とは無縁の大金持ち もいるはずです。

質素な身なりで、自分の趣味にお金を費やす大金持ちもいるでしょう。

稼いだお金をボランティアにつぎ込むお金持ちもいます。実際に、大災害が起 こるたびに駆けつけて、億単位のお金を自腹で割いてボランティア活動をしてい る役者さんもいます。

「お金持ち」でいることを継続させるのは難しい

例えばある日、「大金持ちになりたい」という願いが叶ったとしましょう。

ただし、そのお金は、あなたがこれまで着々と、その下地を積んできた結果のお金ではありません。そのために、あなたの中には、前記したように、お金に対するネガティブな意識が根強く蔓延《はびこ》っています。

まず、自分の意識が根底から変わったわけではないので、コンスタントにお金を稼ぎ出せる能力が育っているわけではありません。そのために、「お金を失う」ことを過剰に恐れるようになるでしょう。

恐れれば、その分量だけ、騙《だま》されたり、ミスやトラブルや、果てには病気で大金を遣う羽目になるかもしれません。争うことを恐れる人が、恐れる通りに争いの中に入っていくという原理通りです。

どうしてそうなるのでしょうか。

それは、あなた自身が自分の楽しみにお金を遣うことを許していないからです。

ここが本当のお金持ちとそうでない人の違いです。

罪悪感は、再三言っているように、お金で言えば「自分は、お金持ちになってはいけない」ということと同じです。もちろんそんな罪悪感は、同様に、自分のために遣うことを許しません。そのため、自ら、お金を捨てて歩くことになるでしょう。

重要なので繰り返しますが、無意識は、善悪を判断しません。あなたが顕在意識と無意識とを統合して、あなたの望みを叶えるだけです。

そのために自分のお金を、例えば妻や子供や身内のために遣わざるを得ないことが起こるかもしれません。

握り締めていれば、失わないような気がするかもしれません。が、実のところ、そうでもないのです。

お金にしがみついて離さないような、そんな恐れは強い依存性を表しています。

そのために、一気になくしてしまうような依存的な遣い方をしてしまう可能性が高くなります。例えば無駄なものに投資をして一気になくすかもしれません。客観的には非常にリスクの高い物件が、自分の目には〝有望株〟と映るのです。

もしあなたがギャンブル好きであれば、どんどん負けているにもかかわらず、途中で止めることができません。負ければ負けるほど熱くなって、冷静さを失っていきます。

あるいは恐れを抱きながら握り締めていると、その手を無理矢理開かされて、奪い取られるようなことが起こるかもしれません。

そうやって、自分に見合った金額、つまり自分が日ごろから〝馴染《なじ》んでいる額〟になるまで、浪費することになるでしょう。

こんなふうに大金が入っても、お金持ちで〝あり続けること〟は、簡単そうで非常に難しいのです。


ここに挙げた例は、ほんの一部です。

けれども、どんなに願っても、あなたの「願いが叶わない」のはどうしてか、その理由や意味が、多少なりとも理解できたのではないでしょうか。

第3章

自分で願いが叶わないように ブレーキをかけていないか？

★顕在意識と無意識の間に大きなギャップがある！

無意識は「善悪の判断」をしない！

もしかしたらあなたは、最初から、

「自分の願いなんて、そうそう簡単に叶うものではない」

と信じていませんか。

また、これまでの人生の中で幾度となく「なかなか思うようにならない現実」を体験していれば、

「人生なんて、自分の思うようになるものではない」

と強く思い込むのも無理のないことでしょう。

もしあなたが今、そうやってなかなか自分の思い通りにならない状態にあるとしたら、それはあなた自身が「自分の望みは叶わない」と強く思い込んでいるからなのかもしれません。あるいは無意識のところで〝願いを叶えてはいけない〟と自分を制御したり、自分に罰を与えて〝叶わないようにしている〟からなのかもしれません。

「自分の願いが叶わないように望む人なんて、いるわけがありませんよ」

と反論したくなる人もいると思います。

もちろん顕在意識では、そうでしょう。

けれども前章で例を挙げているように、願いが叶っていないようにみえるのは、顕在意識で望んでいることと、無意識のところで望んでいることとの間に大きな隔たりがあるからです。

そのために、場合によっては、

「こんなふうになるなんて、思ってもみなかった」

「私が望んでいたのは、こんなことではないのに」

などと嘆きたくなるようなことも起こるでしょう。

常識的には、わざわざ不幸になるようなことを選択する人はいません。平均的に言えば、ほとんどの人が幸せになりたいと願ったり、経済的に豊かになりたい、健康になりたい、と思っているでしょう。

けれども、無意識の基準は、そこにはありません。

まず、無意識は「善悪の判断」をしません。

あなたの思いや意志に従うだけです。

無意識は自分の〝実感〟を願望だと解釈する

例えば自分が戦うことを望んでいれば、無意識は全精力を傾けて戦うチャンスを得るために画策し、「戦う」という人生目標を達成させようとするでしょう。

この場合の〝望む〟とは、好戦的であるという意味ではありません。

例えば、

・戦って勝たなければ、この社会で生き残ることはできない。

・何がなんでも、相手をやっつけないと、気がすまない。

・人に責められるのがつらい。人に傷つけられるのが怖い。

こんな思いだけでなく「負けてはならない」とばかりに踏ん張ったり、「辛抱が肝腎」と我慢したり、心の中で不平不満を抱いたり、単に肉体的に緊張しているだけでも、「戦う意識」が生まれます。こんな意識を抱きながら〝実感している〟ことも、あなたの無意識は「望んでいる」と解釈するのです。

ですから自分が顕在意識で望むところの願望を達成させるには、自分が抱いている〝実感〟を抜きにすることはできません。

ところが、私たちは自分が心の底にどんな意識を深く刻み、それをどれだけ強く握りしめているかは、わかりません。普段の生活でも、どんな意識を抱きながら生活しているかに気づいていません。

わからないからこそ、厄介なのです。

どんなに自分が顕在意識で望んでいたとしても、それが自分の〝真の望み〟かどうかは、無意識が自分のもろもろの思いを原材料として設計し、それが現実という形になってみないとわからないということなのです。

「理想の自己像」と「現実の自分」とのギャップ

例えばＡさんは「みんなの注目を浴びたい」と望んでいるとしましょう。

Ａさんがそう望むとき、イメージの世界では、誰もがＡさんに好意を示してくれて、みんなに囲まれ、楽しく談話をしたり会食をしたり、一緒に出掛けたりしています。

イメージの中でのＡさんは、みんなが歓待してくれて、誰とでも会話が弾みます。相手の話に、当意即妙《とういそくみょう》に答えます。Aさんの機知に富んだ話が、場を盛り上げます。

でもこれは、Aさんが頭の中で描く「理想の自己像」です。

では、実際のAさんはどうでしょうか。

Aさんが望むように、周囲の人々がAさんに好意を抱き、Aさんを歓待してくれたとしたら、Aさんは、その輪の中に、抵抗なく溶け込むことができるでしょうか。その中の一人がAさんに話し掛けてきたとしたら、Aさんは警戒心もなく、心を開くことができるでしょうか。

例えばその相手に、

「今、何をしているのですか。恋人はいますか。歳はいくつですか。どちらにお住まいですか。メールアドレスを交換しませんか」

などと矢継ぎ早に質問されたとき、Aさんは答えたい問いと答えたくない問いを瞬時に峻別して、答えたくない問いについても、相手を不快にさせないようにしながら、友好的な態度で話を進めていくことができるでしょうか。

無意識は、私たちに〝自分の真の姿〟を見せてくれる

こんな状況になったとき、「実際のAさん」は、もしかしたら、そんな雰囲気の中に居たたまれなくなるかもしれません。相手が近づいて話し掛けてきたら、それだけで緊張するかもしれません。相手に何を言われるかと、警戒するかもしれません。

「うまく答えられるだろうか。嫌われたらどうしよう。失言をしたらどうしよう」などと考えたら、ますます緊張するでしょう。

もともとAさんが人と一緒にいることを苦手に感じたり、緊張したり、苦痛に感じるとしたら、Aさんがどんなに「みんなの注目を浴びたい」と願ったとしても、Aさんの本心は、人を恐れていて、人と交わるのが怖い、傷つくのが怖いと感じているでしょう。

もしAさんが、そんな怖さから自分を守るとしたら、無意識は、「自分が傷つかないようにする」ことを最終目標とするでしょう。

顕在意識は、人に注目されたい。

無意識は、人を恐れている。

例えば、この両方の願いを叶えるとしたら、無意識は、人に注目されるチャンスをつくるでしょう。

けれども、人を恐れているために、「恐れないで済む状況」も叶えてくれます。

Aさんにとっては、「人に注目されたい」という欲求よりも、「傷つきたくない」という欲求のほうが勝っています。そのために、こんなことが起こるでしょう。

例えば、Aさんが好ましく感じるタイプの異性が話し掛けてきたとしましょう。

このチャンスを活かせば、親しくなる可能性があります。

けれども、〝傷つくことを恐れている〟Aさんにとって、最も傷つくことは、自分が好ましいと感じている異性から嫌われることです。嫌われないための、最も手っ取り早い方法は、「相手が自分に近づいてこない」ことです。

相手が今にもAさんに話し掛けそうになるその瞬間に、急にお腹が痛くなり、まるで相手を嫌って避けるかのような態度で、トイレに急ぐといった状況をつくって「相手とのチャンスを潰す」ことで、無意識は、「自分が傷つかないようにする」という最終目標を達成するのです。

こんなふうに、自分が常に戦うことを意識したり、〝傷つくこと〟を強く実感したりしていれば、それが無意識にとって「望んでいる」ことであり、また、無意識に戦うチャンスをつくるようにと指示していることになるのです。

とりわけ、絶えず怯えたり恐怖に駆られたりしていれば、まさにそんな状況を無意識は設定していくでしょう。しかも、そんな状況に遭遇するだけでなく、自分が実感している通りに、「怯える」という結果になってしまうのです。

無意識には善悪の基準がありません。判断しないからこそ、自分が「良いこと」も「悪いこと」も、それを超えて、自分が抱く意識をそのまま形にして、私たちに〝自分の真の姿〟を見せてくれるのです。

「自分の欲求を満たす」ことは最も重要な基本原則

「自分中心」という生き方を人生の土台に据えるとしたら、取り立てて願望達成というフレーズを持ち出すまでもなく、「自分の欲求を満たす」ことは自分を愛するための最も重要な基本原則です。

自分の欲求を満たすことができれば、満足します。安心したり、ほっとしたり、嬉しさや歓びに満たされます。

自分を満たすことができれば、相手に対しても寛容になれるでしょう。自分が満たされていれば、心にゆとりが持てるからこそ、他人にも優しくできるのです。

こんな話をすると、とても信じられないという顔をして、

「そうでしょうか。節度を知らなければ、逆に、もっともっと貪欲になっていくのではないでしょうか」

と反論する人がいます。

確かに、権力欲や物欲や名誉欲に囚われると、それがどんどん肥大していくという理屈もわかります。既に「有り余るほど充分に得ている人」たちの中には、人から奪ってでも、不法なことをしてでも〝もっと、もっと欲しい〟という人たちもいるに違いありません。

ただ、そうやって取り憑《つ》かれたように欲求を満たすことに血道をあげる人たちは、同時に、絶えずトラブルや紛争や奪い合いや裁判といった不快なものがついてまわります。

一般的な人たちは、そんな特殊な世界で、出し抜いたり出し抜かれたり、嘘を

ついたりつかれたり、騙したり騙されたり、裏切ったり裏切られたり、脅したり脅されたりしながら生きたいと思うでしょうか。

言うまでもありませんが、感情的には、奪ったり奪われたりの果てに、

「あっちがその気なら、こっちだってッ」

「騙した相手にどうやって仕返しをしてやろうか」

「裏切ったあいつを絶対に許さない！」

「奪われたものは、必ず奪い返してやるぞ」

「この恨みはいつか晴らしてやる」

こんなふうに妬み、そねみ、怒りや憎しみや恨み、復讐心といったネガティブな感情が渦巻き、警戒心や猜疑心や、下手すれば命を奪われるかもしれないといった強烈な恐怖心の中で暮らすことになるでしょう。

しかも、仮にそうやって望むものを得たとしても、結局は「奪われること」や仕返しを恐れて生きることになるでしょう。

それは自分中心が目標とするところの「満足や歓びや愛」とは、まったく無縁の世界です。

願いを叶えることよりも、恨みを晴らすことが〝真の目標〟となっている

もしかしたらあなたは、

「そんな醜い争いをしてまで、自分の願いを叶えたいとは思わない」

と、願いを叶えることに対して、否定的な気持ちを抱いていないでしょうか。

だとしたら、それは適切ではありません。

なぜなら、そんな世界で生きている人が本当に望んでいるのは、欲求を満たして「ポジティブな満足感を味わう」ことではないからです。

欲に駆られてということさえも表層的なことで、〝真の目標〟となっているのは、まさにそんな熾烈な感情や熾烈な状況の中で生きる、ということだからです。

例えば、自分の大切にしていたものを奪われて激しく復讐心に燃えているとき、その大切なものを取り返せば、それで気が済むというわけではありません。取り戻すことよりも、その目標は「恨みを晴らす」ことのほうに重点が置かれているでしょう。

もちろんこのとき、復讐したいと願っている人が心の中で実感しているのは、激しい復讐心です。

自分の無意識は、自分が実感していることを、「願い」と捉えます。復讐心を抱くことが願いとなるのですから、無意識は、「復讐心を抱きたくなるような状況をつくり出す」ことに精魂を傾けます。なぜなら本人が、復讐を果たせば満足すると信じているからです。

もっとも、それで満足するかどうかははなはだ疑問です。

それでも、本人が復讐できれば満足すると思い込んでいれば、その結果、満足するかどうかとは関係なく、無意識は「復讐が果たせる状況」に向かって発進していくことになるのです。

ですから、もしあなたが、そんな醜い自分になりたくないという理由から、自分の願いを叶えることを躊躇《ためら》っているとしたら、それは無用の心配だと言えるでしょう。

自分で願いが叶わないようにブレーキをかけている

むしろ、そうやって「欲を出すときりがない」「醜い争いをしたくない」という思いから、自分の欲求にブレーキをかければ、その思い通りに、自分の欲求は叶わないことになるでしょう。

自分の願いを叶わないようにもっていくブレーキは、それだけではありません。それは、間違った罪悪感であるかもしれません。

勝ち負けを争う人は、戦うことへの恐れを抱いているかもしれません。戦いたくないと思っている人は、最初から得ることを諦めているかもしれません。

心の奥底をよくよく覗いてみると、恐らくほとんどの人が、自分の欲求を満たすことや願いを叶えることを、自分自身が心から認めてはいません。

「そんなことはありません。心から、そうなりたいと思っています」

と、顕在意識の自分は言うかもしれません。

しかし、例えば自分の欲望を満たすには、

「相手を押しのけなければならない。蹴落とさなければならない」

と思っている人はいないでしょうか。

あるいは、

「奪い合うことになったら、自分が得するということは、相手が損することだ」

というふうに、自分の欲求を満たせば、相手との利害が対立すると思い込んでいる人もいるかもしれません。

自分では自覚していなくても、家庭教育から学校教育まで、受験競争、受験戦争という言葉にさほど抵抗感を覚えないほど「競争すること」が浸透している社会にあっては、圧倒的多数の人たちが、

「自分の望むものを手に入れるためには、何がなんでも戦って勝たなければならない」

と思い込んでいるのではないでしょうか。

その一方で、自分の欲するものを確保したり、独占しようとすると、

「図々しいと思われるんじゃないだろうか」

「はしたないと思われるんじゃないだろうか」

などと周囲を気にします。

そしてまた、それを望みながらも、

「こんなものを欲しがっていいのだろうか。贅沢なのではないだろうか」

と反問したりします。

さらに、それを手に入れても尚、

「こんな贅沢なことをして、いいんだろうか」

と後悔したりしながら、そんな自分を「品性がない。卑しい。みっともない。あさましい」などと蔑んだりするように、私たちは、欲求とは裏腹に、たくさんの相反する気持ちを抱いているのです。

結果を体験したときに気づくかもしれない〝負の願望達成〟

心の奥底にまさにそんな相反する気持ちがあるために、仮に願いが叶ったとしても、時によっては、その結果、満足とはほど遠いところにいる自分に気づいて愕然とすることがあるでしょう。

最もわかりやすいのは、親子関係です。

今、噴出している親子の問題について、「願望達成」の視点から語ると、酷な言い方になってしまいますが、やり方を間違えると、とんでもない結果になるという例です。

親の多くが、自分の理想を叶えてくれる人間になってほしいと、自分の果たせなかった夢を子供に託します。自分に自信のある親でも、自分以上の人間になってほしいと望むこともあるでしょう。

例えば母親の多くが異口同音に言う理想が、

「自分の人生を、生き生きと、自由に明るく、伸び伸びと生きてほしい」

です。

まさに「イメージの中だけに存在する子供の未来像」です。

このとき母親が頭の中で描いているのは、自分の理想を叶えてくれている子供です。それは、自分の姿とも重なっています。

でもこれは、飽くまでも、母親の理想です。

子供が描いている理想ではありません。

既にここから、子供に自分の理想を押しつけることになります。

ではどうして、母親は、子供に自分の理想を押しつけようとするのでしょうか。

それは、簡単に言うと、現実の自分が、そうではないからです。少なくとも母親は、そう信じています。母親そのものが、「私は自由ではない」と思っているのです。

ですから、母親自身は気づいていませんが、母親が望んでいるのは子供の「自由」ではありません。

自由の名を借りて、自分の理想を押しつけ、自分に従うようにと、子供の自由を奪っているというのが、真相です。

当然のことながら、子供がこの母親から「自由」を学ぶことはないでしょう。

母親がどんなに、

「自由になりなさい！」

と叱ったとしても、叱られて「自由を知る」ことはありません。

実際に子供が学ぶのは、「母親に黙って従う」ことです。

結果を見て初めて自分が何を望んでいたかに気づく

自分が学んでいないことを、人に伝えたり教えたりすることはできません。子供の気持ちや意志を尊重できない母親が、子供に自由を教えることはできません。

無意識の視点から言うと、むしろ母親は、そうやって「子供を独占して、自分に従わせる」ことを望んでいます。

自分の意志を持ちながら親の言葉に従うようなことが両立できるはずもありません。そんな矛盾したメッセージを子供に送ることになるのです。

もちろん母親がそうやって子供の自由を阻もうとするのは、「見捨てられるのが怖い」からです。

この思いが何よりも強いでしょう。

もちろんそれは無意識のことで、母親自身は、自分の中にそんな強い依存性があるとは思ってもいないでしょう。

母親が子供に「自由であれ」というのは、表面的な言葉に過ぎません。本当は、

「私は寂しいから、ずっと側にいて欲しい」

という、しがみつくような依存性のほうが強いでしょう。

ですから、「自分の人生を生き生きと自由に」という言葉は、「結婚するな。独立するな。家を出ていくな。仕事をするな」に置き換えてもいいぐらいです。

仮に母親が子供に向かって、

「もっと、自由に行動してみたらいいじゃないの」

と叱責したとしても、しがみつかれて自由を奪われていれば、子供のほうも「自由になる」ことが怖くなるでしょう。

そうやって、子供が母親の依存的な支配に白旗を振れば、母親の望み通りに、子供を独占できることになります。

けれどもその「独占」がどういったことを意味するのかは、後になって知ることになるでしょう。

それは例えば、

「いつまで、そうやってフリーター暮らしをしているんだ」

「まだ、結婚しないの。恋人はいないの」

「どうしていつまでも、独立しようしないのよ」

「何か、本気でやりたいと思うこと、ないの？」

「また、仕事辞めたの。どうして長続きしないの。少しは我慢したらどうなの」

「そんな調子で、将来、どうするんだッ！」

といった言葉に集約されています。

自分が戦っていることさえ気づかない二極化思考

自分では、自分が戦っていると気づいていない人も多いのではないでしょうか。特に自分と戦うというのは、むしろ、当たり前のように思い込んでいる人たちが多いに違いありません。

学校の入学式や年中行事やイベントなどで、校長先生が壇上に立ってスピーチするとき、

「厳しい社会の中で、刻苦《こっく》勉励《べんれい》し、強くたくましい人間になりましょう」

「厳しい現実に耐え、困難を乗り越えられる自分になりましょう」

「どんな苦難にも負けないで、最後までやり通せる人間になりましょう」

というような演題で語られることが少なくありません。

これを鵜呑みにすると、社会はあたかもいたるところで棘《いばら》の道が待ち構えていて、それに耐え、闘いながら乗り越えないと幸せになれない、というふうに聞こえます。

社会や他者と戦い、自分とも戦っています。

「失敗を恐れない」という言い方もそうです。

「え、どうしてですか。失敗を恐れないって、いいことではないでしょうか」

そうですね。ただ、良い悪いの問題を語りたいわけではありません。

失敗の対極にあるのは、成功という言葉です。

この「成功するか失敗するか」という言葉も、二極化思考の代表の一つです。

これも「勝ち負け」を連想させる、言わば「全か無の思考」です。

物事をこんな「全か無」で捉えてしまうと、成功しなければ、それ以外はすべて「失敗」となってしまうでしょう。

「俺は絶対に失敗しない。なぜなら、成功するまでやり続けるからだ」

と剛胆《ごうたん》に答えた人がいます。

それでも、概念的に物事を「成功か失敗か」で捉えていることには変わりありません。

本当は「失敗」という言葉は存在しない

失敗したかどうかは、自分自身がそれを失敗と認識するかしないかで決まると言っても過言ではないでしょうか。

例えば、山の頂上を目指すとき、正規のルートを「成功への道」と決めれば、そのほかのルートを選択して頂上に到達しても、それは失敗ということになるでしょう。

あるいは、正規のルートを登っても、頂上に到達しなければ、すべて失敗と言えるでしょう。

ではここで、「成功か失敗か」といった二極化思考を捨て去ってみると、どうなるでしょうか。

「正規のルートではなく、別のルートで頂上に着いた。頂上に到達できてよかった。違ったルートを試してみてよかった。別の景色が楽しめて、よかった」

というふうになるでしょう。

また、正規のルートを登っているときも、頂上をみて、

「ああ〜、まだ、到達していない（だからダメだ）」

というふうには考えないでしょう。

立ち止まってその地点で、目の前に広がる景色を眺めながら、

「なんて素晴らしい景色なんだろう！」

と感激したり感動したりするでしょう。

また、それはA地点であろうがB地点であろうがC地点であろうが、どの地点に立っても、そんなふうに捉えることができるでしょう。

仮に、頂上まで登らずに引き返すとしても、満足しながら下りることができるでしょうし、下山しながら景色を楽しむこともできるでしょう。

そこには、正規のルートで頂上に登らないからといって、「失敗した」という言葉はありません。

わざわざ苦難や困難を自ら仕組んでいる

同じ頂上を目指すとしても、前者と後者では、心の持ち方や感じ方も確実に違ってきます。

前者は物事を「成功か失敗か」という捉え方をしているので、それにこだわって、正否の決着をつけたくなってしまうでしょう。そのために他者とも自分とも戦い、絶えずもろもろのストレスに晒《さら》されることになるでしょう。勝ち負け、善悪、正邪《せいじゃ》、優劣といった二極化思考も同様です。

後者は、ただ、「その状態がある」だけです。

「ある一つの状態」を楽しいと感じたり、苦しいと感じたりするだけです。

こんな捉え方ができれば、「苦しい」と感じることを、〝無理矢理続けることはありません〟。苦しいのであれば、気持ちよく休憩したり、さらにゆっくりとしたペースで歩こうと決めることができるでしょう。

一体に、大半の人が思い込んでいる「社会は厳しい」という見方や、「人生は困難に満ちている」という思いは〝事実〟なのでしょうか。

もしかしたら、それは愚かな「思い込み」かもしれない、としたらどうでしょうか。

本当は、そんな苦難や困難があるわけではなく、「困難な状況に至るまで踏ん張って我慢して、自ら苦境に追い込んで苦労するように、自分が仕組んでいっている」としたらどうでしょうか。

わざわざ苦労するというのは、すぐに身体が凍えてしまいそうな真冬に、流れの速い冷たい川の中を泳いで反対岸に渡ろうとするようなものです。

何もそこまでする必要はなく、近くには橋もあるし、ボートもあるし、迂回して川岸に沿って行くことだってできるとしたら、どうしてわざわざ流れの速い冷たい川の中を泳いでいく必要があるのでしょうか。

もしかしたら、今すぐその川を渡る必要もないかもしれません。じっくりと時間をかけていいのかもしれません。自分が勝手に焦っているために、そのことすら思い浮かばないのかもしれません。

ゆっくり時間をかけられるとすれば、暖かい季節になるまで待つことができます。木を切って丸太を結《ゆ》わいて筏《いかだ》を作ることもできます。木をくりぬいてカヌーを作ることもできます。橋を架けることもできるし、巧みに吊り橋を作ることもできるかもしれません。

「困難を乗り越えて」という捉え方をしていると、こんな柔軟な発想が湧きません。

もっと重要なのは「信じている」ことが人生の土台となる

けれども実は、もっと重大なことがあります。

それは、自分自身が、

「自分の望みを達成するには、困難を乗り越えなければならない」

と固く思い込んでしまうと、自ら困難な状況になるように行動してしまうということです。しかもこれは、無意識です。

そのために、自分自身がそれに気づかないと、

「最終的にはうまくいくのですが、いつも困難に見舞われるんです」

ということになってしまうでしょう。

タネを明かすと、まさにそれが、その人の言動パターンです。知らずのうちに、

そうなっていくような言動パターンをとっているので、〝困難な状況になってしまう〟のです。

「望みを達成するには、勝ち負けを争って、勝つしかない」

「人生には苦難がつきものだ」

「いつも不幸を乗り越えてきた」

「何をやっても追い詰められてしまう」

などと自分が頑迷《がんめい》に信じていれば、それが「人生の土台」となってしまいます。

そして、自分自身がそれに沿ってわざわざそうなるように仕向けていくのです。

自分が「自分の信じている通りに動く」のは紛れもない事実

「まさか」と思うかもしれませんが、自分が自分の信じている通りの人生にしていくというのは、紛れもない事実です。

　例えば、まったく同じ地点からスタートしたとしても、「戦って勝たなければ手に入れられない」と固く信じていれば、自分自身が必要でないときも、戦いになるように自ら演出していきます。

穏やかに話し合えば、平和に交渉が成立することでも、いきなり脅すような言い方や奪い取るような発言をすれば、相手は奪われまいとして持っているものを握り締めるでしょう。

相手がそんなふうに抵抗すれば、諦めるどころか、握り締めた手をこじ開けてでも奪いたくなるでしょう。

こんなふうに相手と争う必要はまったくない場合であっても、「戦って奪わないと、手に入らない」と思い込んでいる人は、冷静に交渉し合えば済むことを、相手を威嚇《いかく》したり攻撃したり脅したりして、わざわざ争いになるようにもっていくというのが実態だと言えるでしょう。

自分ではそんな気持ちはないと思っていても、知らずのうちにそうなっていきます。それは、「話し合う」というスキルを持ち合わせていないからでもあります。

知らないことはできません。穏やかに和やかに話し合ったことがない人は、できません。

決して偶然に争いになってしまうわけではないのです。

だから、争う人は無意識に、争っている状態を目標にして、常に争って〝いたい〟

という「願望達成」をすることになるのです。

これは他人事《ひとごと》ではありません。

もしあなたが、「自分の願っていることが叶わない」のであれば、どこかで戦っているはずです。そして多分、大半の人が、知らずに他者や周囲に戦いを挑んでいます。その典型が、不平不満なのですから。

自分の中にあるささやかな不平不満であっても、その〝実感〟が、不平不満を抱くような状況になるようにと「願っている」ことになるのです。

どうして自分の願いが叶わないのか、その仕組みが何となくわかってきたのではないでしょうか。

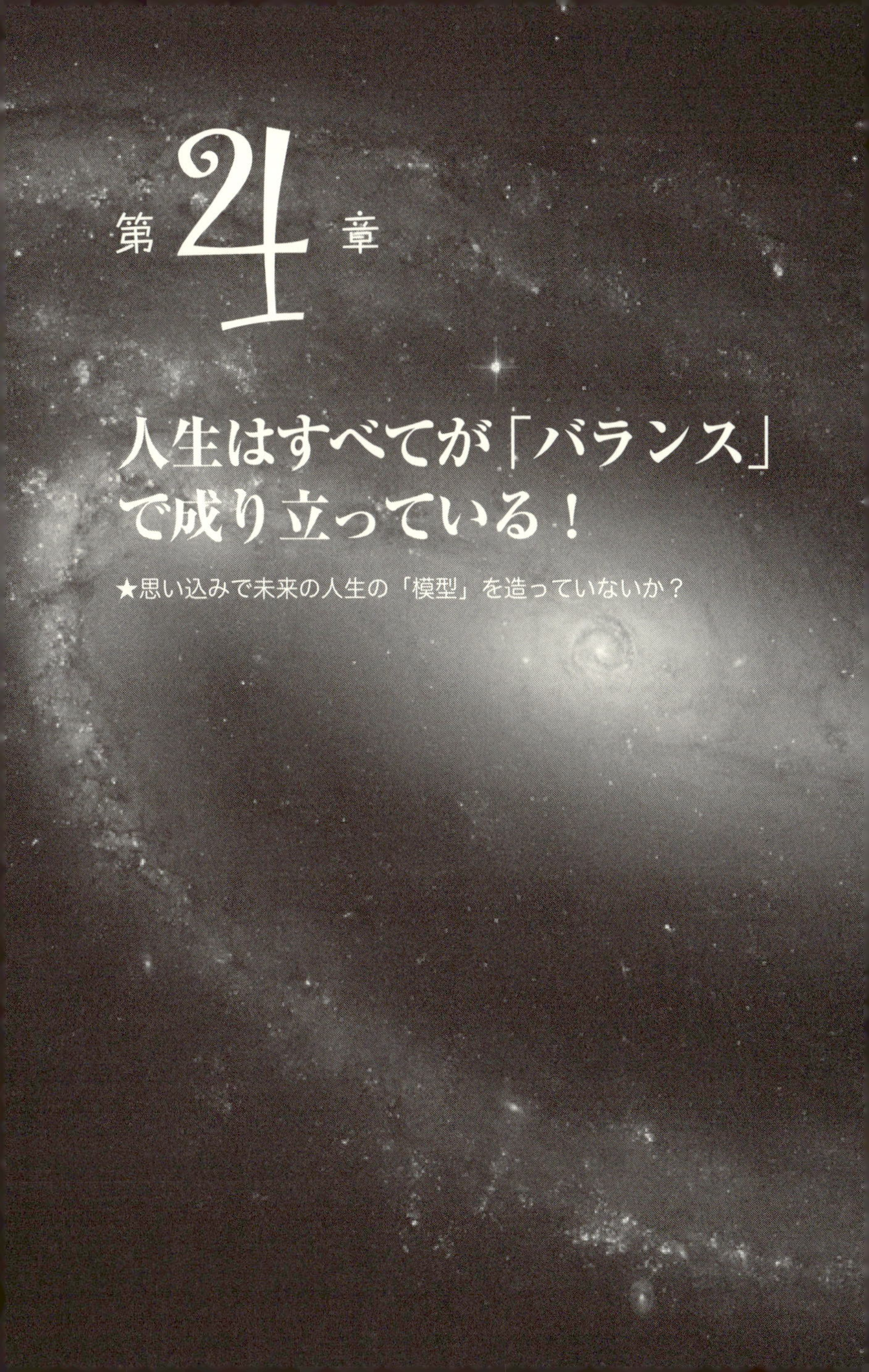

第4章

人生はすべてが「バランス」で成り立っている！

★思い込みで未来の人生の「模型」を造っていないか？

自分中心と他者中心の、決定的な違い

自分中心の人であればあるほど、「自分の欲求を満たす」ことを、心から受け入れ、認めています。そのために、自分の願いを叶えたり、欲求を満たしたりしたときには、それを心から喜び、また、その満足感を味わうことができます。

ところが、「なかなか自分の願いが叶わない」という人は、無意識のところで「自分が望むものを手に入れていい。自分の欲求を満たしていい」となっていません。

そのために、顕在意識での自分の願いを、無意識に「叶わない」ような選択をしたり行動をとったりしていきます。

他者中心の人ほど、そうでしょう。

なぜなら他者中心の人は、頭と心が常に他者や外界のことで占められているので、自分の気持ちや感情や欲求に気づきにくくなるからです。

顕在意識では、これが欲しいと思う。

けれども潜在意識では、自分が欲求を満たすことに罪悪感を覚えている。

こんな顕在意識と無意識とのギャップが大きい人ほど、「願いは叶わない」となっているでしょう。

ここが自分中心と他者中心の、決定的な違いです。

願いを叶えない〝負〟の思い込みがたくさんある

願いを叶えることにブレーキをかけてしまう、そんな無意識の代表と言えるのが、知らずのうちに信じてしまっている「思い込み」ではないでしょうか。

自分に良い結果をもたらすものであるなら幸いですが、自分の願いがなかなか叶わないという人は、自分の中に、願いを叶えない〝負〟の思い込みが、たくさんあるに違いありません。

例えば、「贅沢をしてはいけない」というのもその一つです。

自分がそれを自覚できているときは、

「欲しいけど、贅沢品だから我慢しよう」

「これは高いから、ワンランク安いものにしよう」

と考えて、自分の欲求にブレーキをかけるでしょう。

潜在的に常に「贅沢をしてはいけない」と思っていれば、自分の欲求を満たそうとしても迷って心が燻《くすぶ》るでしょうし、実際に手に入れたとしても、罪悪感に駆られるでしょう。少なくとも、「手に入れてよかった」と、心から満足することはできないでしょう。

思い込んでいるあまりに、贅沢をしてしまうと、

「何か悪いことが起こるんじゃないかと、不安になるんです」

という人もいます。むろん、悪いことが起こると信じていれば、欲求を満たせない状態のほうが、まだ安心していられる、ということになってしまいます。

そして、「満足感」が中途半端で終わるから、また「我慢しなければ。でも、欲しい」の悪循環に嵌まっていくのです。

こんなふうに、欲求を満たすことへの罪悪感や恐れが強いと、無意識が、その願い通りに、願いが叶わなかったり、叶ったとしても、それを失うようにもっていって、心のバランスを保つということになるでしょう。

この世はすべてバランスで成り立っている

　バランスという点で言うと、心のバランスだけでなく、この世はすべて「バランスで成り立って」います。

　お金持ちがいて貧乏人がいる。これもバランスです。通俗的に「善人は損して、悪人が得する」というイメージが強いのですが、これも「支配」と「被支配」とのバランスで説明することができます。このバランスが偏《かたよ》っていればいるほど貧富の差や優劣・強弱の差は大きくなっていくでしょう。

　しかも厄介なことに、自分では気づかないさまざまな思い込みが、その「支配－被支配」の偏ったバランスに加担して、その差をいっそう拡大させています。にもかかわらず、〝負〟の思い込みを、既に自分の中にインプットしてしまっていると、自分の立つ位置が、「被支配」的であることにすら気づかないでしょう。

　他者中心になって、

「相手に合わせなければならない、みんなに合わせていたほうが、安全だ」

と思い込んでいたり、

「社会に、適応できる人間にならなければ、ダメだ」

というふうに自分を縛っていたら、言うまでもなく、自分の願望達成からはどんどん遠ざかっていくでしょう。

日常生活を振り返ると、既に自分の中にインプットしてしまっている〝負〟の思い込みがたくさんあります。その一つが「相手が上。私は下」という意識です。

自分の立つ位置を、最初から「相手が上。私は下」と決めていたら、自分が考えることも言うことも行動することも、その位置からスタートします。

もちろんそんな思い込みをしている人が、仮に「私が上」を目指したとしても、最終的にはやっぱり「相手が上で、私が下」という結果になるでしょう。

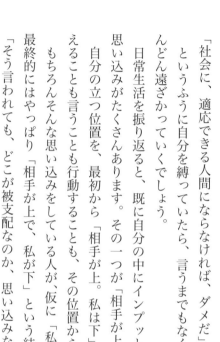

「そう言われても、どこが被支配なのか、思い込みなのか、わかりませんよ」

と、自分では気づかない人たちも少なくないでしょう。

崇拝すると貧乏になるという三段論法

例えば、王族やセレブやハリウッドのスターや歌手に〝憧れる〟というのはどうでしょうか。熱狂的なファンというのはどうでしょうか。

ここで「憧れる」がどういう状態なのかを、ちょっと体験してみましょう。

今あなたの目の前に、あなたが憧れている王族やセレブやハリウッドのスターや歌手がいます。彼らをみるとき、あなたは、どの位置に立っていますか？

相手の立つ位置とあなたの立つ位置の差が、相手とあなたとの差であり、その差があなたの「被支配」の分量だと言えるでしょう。

もしあなたが、彼らを過剰に自分の頭上に高く掲げているとしたら、それがあなたの立つ位置です。

もしかしたら、その中に「崇拝《すうはい》する」気持ちが潜んでいませんか。

崇拝というのは、言わば絶対服従です。

それをお金に置き換えるとしたら、どうでしょうか。

自分が犠牲になって、自分のお金を喜んで献上する意識です。

相手が要求してきても、絶対服従を誓っていれば、身を捧げることに歓びすら感じるかもしれません。

もし自分が相手に対してそんな崇拝する心を抱いているとしたら、それは自らを、彼らと同列に並ぶことはないと規定していると言えるでしょう。それを自分の収入に置き換えれば、潤沢に稼ぐことは決してないと、自ら宣言しているようなものです。

「だって、それって、特別な相手に対してだけだから、何も影響ありませんよ」と軽く考える人もいるかもしれませんが、無意識は違うのです。

なぜならそれが「人生の土台」となるからです。

自分の生活の土台が「その人」のためにという地点からスタートすれば、自分の稼いだものは絶対服従を誓った相手へと献上してしまうのですから、お金を稼いでも自分の手元には残らずに、相変わらず貧乏ということになるかもしれません。

また、自分が特定の人を崇拝するとしたら、自分と同じように崇拝しない人に対して批難したり拒否したくなるでしょう。場合によっては、否定する人たちと対立し、激しい争いを展開させるかもしれません。

さらにまた、特定の人を自分のはるか頭上の頂に置くような人たちが増えれば増えるほど、貧富の差や優劣・強弱の差は広がっていくでしょう。

これがバランスです。

くれぐれも勘違いしないでほしいのですが、憧れることがいけないと言っているわけではありません。飽くまでも、バランスだということを言いたいのです。

そのバランスによって、過剰に崇拝する意識の人たちが増えれば増えるほど、天秤のバランスは大きく傾くので、ピラミッドの頂点と底辺のように格差が広がっていくと言えるでしょう。

思い込みをインプットして自分の未来の人生の「模型」を造っていないか

戦うということを、激しい争いというふうにイメージすると、

「私とは関係がない世界のことだ」

と思うかもしれませんが、私たちは普段の生活の、あらゆるところで戦っています。

例えば最近の夫婦関係の傾向として、夫と一緒にいる妻が夫にストレスを感じているかと思えば、夫が妻を恐れているというケースも増えています。憩いの場であるべき家庭がこんな状態であるとすれば、激しく争って罵倒《ばとう》し合うことはなくても、絶えず心理的なバトルが展開されているでしょう。

ただ反面、ひと頃は夫婦仲が険悪になって「もう、離婚したい」と訴える相談がとても多かったのですが、近頃は、お互いに仲よくなろうと努力する夫婦も増えつつあります。どちらを選択するかは、ますます自分次第となっていくでしょう。

これからはさらに高齢化社会となっていきます。

テレビで放映されているコマーシャルを観ると、それを肌で感じます。と同時に、絶えず流れてくるコマーシャルなどを無自覚に目にしていると、例えば歳をとると、老人用の紙オムツをして、介護されることになる。動けなくなったら介護施設や養護施設に入ることになる。気づかないうちに、

「歳をとると、こうなってしまうんだ」

と、そんな自分の老後をイメージしてしまいそうになります。

仮にそんなコマーシャルを毎日何度も観たり聴いたりしていれば、

「矍鑠《かくしゃく》として、80歳になっても耳も頭も足腰もしっかりしていて、自分の趣味に打ち込んでいたり、畑仕事に精を出している元気ではつらつとした老人」

というイメージを抱くことが難しくなるのではないでしょうか。

けれども本来の私たちの姿は、高齢であっても、こんな健康体であることが、

もしかしたら「普通の状態」ではないかと考えることがあります。実際に、いつまでも若々しく働いている高齢者もたくさんいます。

仮にこれが本来の老人の姿だとして、もしあなたが既に「そうでない老人」像を頭に描くとしたら、まさにこれが知らずのうちに刷り込まれてしまっている「思い込み」と言えるでしょう。

無意識の願望達成の論で言えば、こんな高齢者のイメージが自分の中で固定化してしまえば、これが自分たちの未来の姿になると言えるでしょう。

どうしてこんな高齢者の話を引き合いに出すかというと、驚くことに、20代で老後の心配をしたり、未来を心配する人たちが増えているからです。

まだ、大学生になったばかりなのに、もう、就職のことを考える。

まだ就活の段階で、結婚や家庭のことを考える。

まだ子供もいないのに、どうやって子供の学費を稼ごうかと考える。

「これだけないと子供を生んで養っていくのは大変だぞ」

などと、まだ人生が始まったばかりの若者が未来を心配するのです。

未来を否定的に予測すれば、キリがありません。

「もし結婚できなかったら、どうしよう。親が死んでしまったら、誰もいなくて孤独になってしまう」

と恐れを抱いたり、

「解雇されたらどうしよう。倒産したらどうしよう。病気になったら生活できなくなってしまう」

などと、仕事をしていても不安になることばかりです。

もちろんそうやって未来を否定的に予測して、それを強く実感していれば、自分が毎日コツコツと、そんな自分の人生の未来の「模型」を造っているようなものだと言えるでしょう。

「従っていれば安全だ」という神話は崩れ去っている

バランスで言うと、「従っていれば安全だ」という意識が、格差を生んでいます。

「従わせる―従う」という関係を成立させるには、両者が必要です。

「従う人」が、「従わせる人」の要求に、応えようと頑張ったり我慢したりすればするほど、その天秤のバランスは大きく傾いていくでしょう。

これが、バランスです。

もちろん「従わせる」ためには、「従う人」が必要です。「従う人」が従わなければ、通用しません。

だから、もしあなたが「従う人」の中にいて、格差の大きい場所で不満を抱いているとしたら、それは「全体のバランス」で、そうなっていると判断できるのです。

一昔前の社会だったら、

「みんなと同じことをして黙々と従っていれば、安全だ」

「みんなと同じことをして頑張れば、守ってもらえる」

ということもあったでしょう。

自分が勤める会社が発展し繁栄すれば、その分配は社員にも及んで、社員全部が潤うという構図も成り立ちます。

確かにそういった会社や組織もあるでしょう。

共通の目的を持っていたり、自分たちのメリットが確実にある場合は「従わせる－従う」の関係であっても不満は生じにくいでしょう。

軍隊などがそうです。共通の目的があれば一致団結できます。その団結をより保証するものが、序列や段位や階級や、それに見合うお金や財産といった報酬でしょう。

命令されたことを忠実に守ってやり遂げれば、必ず見返りがもらえる。

黙って従っていれば、未来が約束される。

こんな点が保証されるのであれば、支配的な組織のほうが運営するには合理的ですし、効率的でもあるでしょう。

もちろん、全体の秩序を乱したり、裏切ったりする者も出てきます。それを予防するための制裁や厳罰は、不可欠なルールとして盛り込まれているでしょう。けれども現代にあってこれが可能となるのは、最初から資金が潤沢にあって、あらゆる面で「富める人たち」の組織や集団に限られるのではないでしょうか。

〝善が廃れ悪が栄える〟のは「従わせる者」と「従う者」との比率

市井の人々がこんなふうに「みんながそうするから、安全」とばかりに従っていても、今の社会は、黙って従っているからといって、階級が上がったり地位が上がったり、収入が確実に増える保証を得られるとは限りません。むしろ、黙って従っていれば、どんどん要求が強くなっていくでしょう。過酷になることはあっても、潤うことはありません。

「黙って従っていれば安全だ」という神話は、とうに崩れ去っているのです。反対に、みんなに合わせて従っていれば、ますます生きづらい社会となっていくでしょう。ルールも法令も、もっと厳しくなっていくかもしれません。

極端なたとえになりますが、

「でも私は、悪いことをしないから、法律が私を守ってくれます。だから、黙って従っていたほうが、安全だと思います」

と言った人がいました。

法律が自分たちを守ってくれるから、それに黙って従ってさえいれば、「安全だ」という発想です。その人の頭の中にあるのは、「法律は、国民のために作られている」という前提に立った考えです。

では、その法律が、国民の立場に立ったものではないとしたら、どうでしょうか。その法律が、時の為政者たちのさじ加減で決まるとしたらどうでしょうか。

前記しているように、すべて、バランスで成り立っています。

「従わせる―従う」という関係もバランスです。

「善悪ではない」で決まるものではありません。

今の時代が仮に〝善が廃れ悪が栄える〟ものであっても、バランスという視点から捉えれば、「善悪」の二元論では語れません。

「従う者」が「従わせる者」を支えています。「従わせる者」と「従う者」との比率が、そのバランスをとっているという事実は否定できません。

自分がこのバランスの中で、どこにいるか。

それによって、自分の願いの叶い方が異なってくるのです。

悪い環境であっても、どこにいるかは自分で決めている

もちろんそれは、「従うな」と言っているわけでも、「戦え」と言っているわけでもありません。

例えば、ある福祉関係の会社は、社長がとても支配的でした。

自分の気に入らないことがあると、社員に怒鳴って当たり散らします。社員は

怖いので、首をすくめ、怯えた態度で反応します。それがまた社長の神経に障るのか、いっそう怒鳴ります。

バランスで言うと、社員が怯えたり萎縮したりすると、社長はいっそう怒鳴りたくなったり、故意に虐めたくなったりします。場合によっては、相手が脅えることで、加虐的な快感が刺激されて、もっといたぶりたくなるかもしれません。

良くも悪くもこれが「関係性」、つまりバランスなのです。他者中心であればあるほど、相手の反応が気になるので、その関係はいっそう悪化して激しくなるでしょう。

かといって、社長と正面から戦って衝突すれば、熾烈な闘いとなるでしょう。社長と喧嘩すれば、何か解雇できない特別な事情がない限り、自分から飛び出すか解雇されることもあり得ます。そうならなくても、部署を移動させられたり降格させられたりするかもしれません。

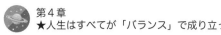

能力の問題ではありません。感情的に対立していれば、能力など二の次です。逆に、その社員の能力が高ければ高いほど、社長は自分の地位を脅かすのではないかと脅威に感じるので、いっそう冷遇されることになるでしょう。

そんな会社であれば、怒鳴られたくない人や能力のある人は、辞めていくでしょう。

いくら募集しても、こんな調子ですから良い人材は集まりませんし、良い人材が残ることもありません。

残っているのは、怖くても、

「他のところでは、能力もないし、歳だから、雇ってもらえないだろう。ここしか、自分を雇ってくれるところはない」

「今どき、仕事を探しても、なかなか難しい。また、職探しで苦労するのはイヤだ。断られて傷つくのはイヤだ。ここにいるしかないんだ」

というふうに、諦めている人たちでしょう。

「よし、こんな会社だからこそ、自分が力を発揮して、もっと発展するような会社にしてやるぞ」

と意欲と野心に燃えている逸材がいるのであればともかくも、どうにか片足でバランスをとっている、そんな状態でミスやトラブルが次々に起これば、一気に瓦解することもあり得ます。小さな会社ほど、結果が出るのも早いでしょう。

愚痴をこぼすから、会社を辞めないでいられる

こんな会社のバランスを、改めて社長の立場からみてみると、どうでしょうか。社員が怒鳴られても黙って従っているとしたら、怒鳴るのをやめることはないでしょう。

仮に社長自身が反省して社内の雰囲気を改善したいと思ったとしても、もともと「怒鳴る」人は、「黙るか怒鳴るか」という極端な方法でしか人とコミュニケーションをとることができません。円満に解決する方法を知らなければ、まずいと自覚していたとしても、やっぱり怒鳴ってしまうのです。

ではこれを「怖くても、黙って従っていれば安全」という社員の立場からみると、どうでしょうか。

社長は激しく怒鳴るけれども、

「時々、やさしくしてくれる。特に怒鳴った後は、お茶菓子をくれたり、謝ってくれたりしてやさしくなる。根はいい人なんだ」

というふうに映るでしょう。怖さを和らげるために、そうやって自分に言い訳

をするかもしれません。「根はやさしい人だ」と信じているかもしれませんが、本当は、「怒鳴る－怒鳴った後に襲ってくる罪悪感」から、打って変わってやさしくなる、という言動パターンを繰り返しているだけなのです。

願望達成という点で言えば、
・今の会社を辞めて別のところを探す気力をすっかり失っている。
・辞めることを自覚している以上に、怖いと感じている。
・本当は、いつも怒鳴られることが、「怖い」という感情を増幅させている。
・怖くても、馴染んでいるという意味での「安全性」が手に入る。

どんなに怖くても、今の怖さであれば経験済みのために、それなりの対処ができます。けれども、別の場所で働くことの怖さは「未知の怖さ」です。もしかしたら、今以上の恐怖に出合うかもしれません。
「別のところで、もっと怖い目に遭ったら、もう後がない。今のほうがまだ安全だ」というように、今の場所がまるで最後の砦のような気持ちで「そこに居る」ことを、自ら選んでいるのです。

社員同士で「不平不満を言い合う」のも、その一環です。
・社長には逆らえない。
・社員同士で不平不満を言い合っていると、どうにか持ちこたえられる。

もし自分が「辞めたい、辞めたい」と愚痴をこぼしながらも、なかなかそこを辞めようとしないとしたら、それは「辞めたい」が本心ではないと言えるでしょう。辞めるのはもっと怖いから、「辞めないために愚痴をこぼしている」ということなのです。

つまり、そうやって愚痴をこぼしているから、会社を辞めないでいられるのです。

「怖いけれども、そこにいるしかないから、不平不満でバランスをとろう」

無意識の視点から言うと、これが自分の〝真の願望〟であり、その願望は、しっかりと叶っているのです。

善人が多ければ多いほど所有するお金の格差が広がる

しっかりと自分の心に刻んでほしいのですが、世の中はすべて、バランスで成り立っています。

この「バランス」という観点からすると、「善人だから損している」わけではありません。

社会が不景気になると、もぐらのように「清貧《せいひん》」という言葉が土を盛り上げ顔を覗《のぞ》かせます。でもそれはなんとなく、「貧乏である」ことを自分に納得させようとしているかのように聞こえます。

清廉であることや質素であることと、貧乏であることとは関係ありません。まして〝清いから貧乏になる〟わけではないし、〝貧乏だから清い〟ということもありません。

むしろ、貧乏であることを、清く美しいものと位置づけてしまうと、それだけで、お金が入らないようになっていくでしょう。

なぜならそれは、「清い」ことと「貧乏」がセットになるからです。

この両者がセットになってしまうと、お金を儲けることが「清くないこと」、つまり悪いことになってしまいます。

ここまで考えないとしても、お金を「不浄」だと思い込んでいる人は少なくないのではないでしょうか。

「不浄だとは思っていませんが、あくどいことをしなければ儲けられないんじゃないでしょうか」

と考えていたり、お金持ちに対して否定的な気持ちを抱いたりしていても、お金を儲けることがその分だけ、難しくなるでしょう。

なぜなら、お金に対して否定的な気持ちを抱いていれば、いざ自分がお金を儲けようとしても、儲けることに罪悪感を覚えるからです。儲けることに罪悪感を覚えていれば、お金を儲けるチャンスが到来しても、無意識にそのチャンスを逃すことになるでしょう。

では、全体のバランスから言うと、「清貧であるべき」と信じ込んでいる人たちや「善人は損する」と思い込んでいる人たちが増えるとどうなっていくでしょうか。

例えば、全世界の富を公平に分配するとしたら、清貧の人も善人も、本当は充分に潤っているでしょう。少なくとも今よりは、間違いなく多いはずです。けれども清貧の人は「清貧であれ」と自分に命令しているし、善人も「損する」と決めています。

そうやって自らお金を拒否しているので、全体のお金は有り余ります。

では、そのお金は、どこに行くのでしょうか。

言うまでもなく、お金を得ることを肯定している人たちの懐に、それもまるで、お風呂の栓を抜いたように流れ込むことになるでしょう。

そうやってお金を拒否する人たちが増えれば増えるほど、格差は広がっていくのです。しかもそれは、自分の思い込みから始まっています。

強い思い込みも、願望達成の材料となる

確かに「貪欲な人、強欲な人たち」には、お金が入ります。それは、札束を独り占めして握っているような、強い執着心の実感が形となるからです。

代わりに、得るまでの道程は非常に熾烈かつ険しいでしょう。

そんな人たちの中には、まったく「愛を知らない」人たちも少なくありません。

愛を知らなければ、それは、前記しているように〝ないも同然〟です。

互いに愛し合う満足感を経験したことがなければ、「愛の満足感」を目指すことすらできません。

体験を通して感じる〝実感〟は、心に強く残ります。

愛の満足感を知らずに、支配する快感や所有する快感が強烈に残っていれば、それを目指すのは、当然といえば当然のことではないでしょうか。

こんなふうに、顕在意識でどんなに「願望達成しよう」としても、自分自身の中にさまざまなネガティブな感情があると、無意識は、それの感情を「願望」として形にすべく動き始めます。

その代表的なのが「勝ち負け」の意識やさまざまな恐怖や罪悪感です。あるいは、ここで述べているように、自分が知らずに「そうだ！」と固く信じている「強い思い込み」も、願望達成の材料となってしまうのです。

そんな恐怖や罪悪感や思い込みといったものは、非常にリアルです。

例えば、病院で健康診断を受けたとき、先生から、

「ここに腫瘍《しゅよう》があります。良性か悪性かは、もっと詳しい検査をしないとわかり

ませんが、急いでください」

などと言われたら、「ガンかもしれない」という恐怖に襲われるでしょう。

そんなときに全身を震えさせる恐怖は、非常に強烈ですし、リアルです。なんとなく漠然と「一億円あったらなあ」などと想像したときのうっすらとした実感とは、比較になりません。

そんなリアル感が、「願望達成」の源泉となるのです。

「清貧」ということは、もともと成立し得ない

だからといって、

「そんな人間になってまでお金を得たいとは思いません」

と考えるのは早計です。貪欲にならないとお金儲けができないというのも、思い込みです。

本当は、そんなに貪欲にならなくても、ちゃんと経済力はついてきます。

この本の全編を通して言いたいのですが、無理をしないほうがいいのです。我

慢しないほうがいいのです。

無理をすれば、「無理をする」ことが人生の土台となってしまうので、わざわざ「無理せざるを得ない道」を選択して通ります。我慢すれば、確実に、我慢の人生になってしまいます。

貪欲な心で儲けることを目指せば、その貪欲さの実感が人生の土台となります。そのために、物品を貪欲に握り締めたり、奪い合ったり、奪われるのを警戒したり恐れながら儲けていく人生となっていくでしょう。

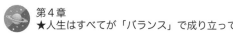

意識の原理では、「自分の実感した通りの人生」となっていきます。

強く強烈な実感が、形になると言っているわけではありません。

例えばあなたが、今、否定的な感情や思い込みが少なく、日々の生活の中のあらゆる時間、あらゆる場所、あるいは人と一緒にいるときも、満足感や充実感や幸福感を実感していれば、その分量に応じて、お金もついてきます。

あなたが日々、充実感や満足感や幸福感を実感していれば、それが形になります。もちろん、お金も例外ではありません。

ですから、清い人が、純粋に清く、またその清らかさを実感しているとしたら、それが形になります。お金はますます、清くラクに得られるので、経済的にも豊かになっていくでしょう。

ですから、清く貧しい「清貧」ということは、もともと成立し得ません。

これが「意識の原理」なのです。

第5章

負のパターンから抜け出して
すべてを手に入れよう

★過去・現在・未来、まったく同じパターンで動いている！

罪悪感も自己犠牲も、結局は「自分と戦って」いる

もしあなたが、心から満足できる形で願いを叶えたいと望むなら、自分の中にある戦う意識や罪悪感や自己犠牲的な「他者中心の意識」を可能な限り減らしていったほうがいいでしょう。

仮に自分が罪悪感を抱いてしまうようなことがあったとしたら、そのことで罪悪感を抱き続けるよりも、償うために行動したほうがはるかに有益でしょう。知らずのうちに抱いてしまう罪悪感の中には、もともとまったく抱く必要のないものもたくさんあります。

罪悪感を抱くというのは、これまでも述べてきたように、自分に対して「自分が幸せになってはいけない」と命じているようなものです。

では、奉仕的な自己犠牲の意識はどうでしょうか。これも、自分を不幸にするという点では同じです。自分を犠牲にしなくても、問題を解決することは可能です。

自己犠牲というと、それを〝尊い〟ものと捉えている人も少なくないでしょう。

決して人のために犠牲になる行為そのものを否定しているわけではありません。自分のとった行為が、結果として〝尊い行為〟として称えられることはあるでしょう。けれども、自ら犠牲になろうとすることを尊い行為と見なすことには疑問を覚えます。

もし、あなたが人を犠牲にして自分が救われたとすれば、相手を犠牲にしたという事実を前にして、胸の傷みもなしに自分が助かって良かったと、心から喜べるものでしょうか。

例えば、両親が病気になって、子供が「結婚を諦め、自分のしたかった仕事を辞め、自分の人生を親の介護に捧げる」としたらどうでしょうか。

もちろん、そんな選択も一つの生き方であって、悪いことではありません。そんな選択を否定するわけでもありません。

けれどもそれを親の立場からみたとき、面倒をみてくれる子供に対して、後ろめたさや恥ずかしさや情けなさや卑屈さを感じないで、「良かった」と喜び満足する親がいるのでしょうか。そんな親の姿を想像することのほうが難しいでしょう。

しかも、本当は誰も犠牲にならずに解決できる方法があるとしたら尚更です。

どうしてわざわざ、誰かが犠牲になる必要があるでしょうか。

こんな罪悪感や自己犠牲の意識は、仮にそれが献身的な自己犠牲であっても、言い方を変えるなら「自分と戦っている」ということができるでしょう。

自分と戦っていても、結局は、無数のネガティブな感情に身を浸すことになるでしょう。

その感情が他者に向かえば、争いが勃発することになるでしょう。

そんなもろもろの争いの多くが、元をただせば自分との戦いにあるとしたら、自分を罰したり犠牲にしたりする意義すらなくなってしまいます。

現に感情的になって怒鳴ったり、争ったりしなくても、問題を解決する方法は存在します。それを、多くの人が知らないだけです。

「あなたも私も幸せになる」方法が実在するとしたら、仮にまだあなたがその方法を知らないとしても、一方の幸せのために一方が自分を犠牲にする方法が適切だと言うことはできません。

実際に、「願いを叶える」という点においては、罪悪感や自己犠牲や戦う意識が少なければ少ないほど、自分が心から満足する願望達成へのルートに限りなく近いところにいると言えるでしょう。

反対に、罪悪感や自己犠牲や戦う意識がたくさんあればあるほど、また強ければ強いほど、自分が心から満足できる願望達成からはどんどん離れていくでしょう。

質素倹約は美しく、自分の欲求を満たすのは卑しいこと？

慎ましやかで質素倹約的な生活の中にこそ精神的な満足感があって、それを美しい生き方だと信じている人や、「それが幸せだと思わなければならない」と強引に自分に思い込ませようとしている人もいるに違いありません。

一度、自分の心に問うてみてください。

知らずのうちに、自分の中にこんな思い込みが根を張っていることに気づくかもしれません。

もちろんこれを基準にすれば、自分の欲求を満たすことや願いを叶えることは、貪欲で浅ましいことだとして、自分のそんな望みを嫌悪したり軽蔑したくなるでしょう。

そうやって質素倹約の生活が美しく、それから外れることは「卑《いや》しいこと。忌《い》むべきこと」だと規定してしまえば、自分の生活が物質的に豊かになることに罪悪感を覚えてしまうでしょう。そのために、自らそんな豊かさが得られない選択をしていくことになるでしょう。

しかも、そうやって本当の自分の欲求を心の奥に封じ込めれば、いっそう強く「質素な生活は美しい」と自分に言い含めなければならなくなります。それは、自分に嘘をつくということです。

そうやって自分に嘘をつけばつくほど、矛盾する無数の思いに翻弄《ほんろう》され、物質的にも精神的にも偏っていくことになるでしょう。

例えば本心では、

「お金持ちになりたい。遊んで暮らしたい。贅沢な暮らしをしたい」

と思っているとしましょう。

その一方で、そんなことを望むのは「自分の心が卑しいからだ。修行が足りないからだ」といった思考で自分の欲求をねじ伏せてしまえば、その反動で、金持ちを軽蔑したり、楽しく遊んでばかりいて暮らしている人たちを軽蔑したくなるでしょう。

それは同時に、自分のそんな欲求を自ら歪めて否定することになります。

そのために、そんな人たちをいっそう羨んだり憧れたり、場合によっては憎んだりするというふうに、ますます豊かさから遠のくことになるでしょう。

しかも、「全体のバランス」という観点で語るならば、そんな矛盾した思いを抱えながら自分が豊かになることを否定したり、自分の本心をごまかしたりすることが、社会の貧富の差を拡大させています。

もしかしてあなたの心のどこかに、慎ましやかで質素倹約的な生活こそが美しいというイメージが残像のように存在するとしたら、それこそが、とんでもない思い込みなのかもしれないのです。

大半の人が自分の価値を低く見積もっている

数多くの相談事に触れながら、最近しばしば、私はこう考えずにはいられません。

「私たちを不幸にしてしまう、その大半が適切でない思い込みからきている。もし私たちが、そんな自分を不幸にしてしまう、さまざまな思い込みからせめて数十％だけでも解放されたら、今、私たちが『自分の願い』として心に描いている望みは、実は、それこそが『平均的なもの』ではないだろうか」

と。

例えば、収入はこれだけ得たい。もっと余暇の時間が欲しい。ゆっくりと仕事をしたい。好きなものに専念する時間が欲しい。こんな家に住みたい。もっと心の通い合う人間関係を築きたい。もっと優雅に、お金持ちのような生活をしたい。

その根拠を統計学的に示せと言われると返答に詰まりますが、飽くまでもカウンセリングやセミナーの中で得た感触を言うと、ほとんどの人の意識は、低い水準に甘んじています。

「せめて、これだけでも収入が上がれば、ラッキーなのになあ」

「せめて1時間、労働時間が短かったらなあ」

「せめて、もう半日でも休みが増えたらなあ」

「せめてもう少し、労働条件がよかったらなあ」

というふうに、自分の価値を〝あまりにも謙虚過ぎる〟と言っていいほどに、低く見積もっています。

これまで述べてきたように、自分中心的な捉え方をすると、自分の意識を土台にして物事を捉え、判断し、そして選択して行動しています。

「贅沢をしてはいけない」と強く思い込んでいれば、贅沢することにブレーキをかけるだけなく、贅沢そのものができない人生を、自ら創っていくかもしれません。

しかもその贅沢も、お金に換算するとしたら、人によって異なります。自分が「1万円」を贅沢だと思っていても、別の人は「10万円」を贅沢と考えているかもしれません。

お金の話が説明しやすいから例に用いているだけですが、1万円を贅沢だと考えてしまうとしたら、それが自分のお金の基準となっているために、大金を得るチャンスがくると、罪悪感を覚えて、そのチャンスを自ら潰すでしょう。

自分という視点に立つならば、こんなふうに「自分の意識が自分の人生を創っている」と言えるのです。

自分の望んでいる願望が、実は「ごく平均的」なのかも

例えばあなたは、

「1日の労働時間は、4時間ぐらいにしたい。満員電車に揺られて通うのはイヤだから、時間をずらして行きたい。最低週に3日は休みたい。仕事も、趣味と同じような感覚で楽しみたい。こんな1ヶ月で、給料は今の2倍、3倍以上欲しい」

といった望みを抱いている人がいるとしたら、あなたはどう感じますか。

「そんなの、とても無理ッ」

「そんな仕事があるわけがないッ」

というふうに反応していませんか。

あるいは、

「考えてみると、なるほど、そうだなあ。仕事だけでヘトヘトになって1週間が終わってしまうなんて、ヘンな話だよなあ。もっと生活にゆとりがあって、経済的にも豊かでいいはずだよなあ」

と納得する人もいるかもしれません。

「でも、現実的には厳しい社会ですから、あり得ない話ですよ」と言いたくなるかもしれません。現実的にはそうでしょう。

けれども、前記のような生活が、もし、本当に「ごく平均的なもの」だとしたらどうでしょうか。今の社会はあまりにも格差があり過ぎて、俄には信じられないかもしれませんが、そんな偏った全体のバランスを一度壊して均一化できるとしたら、今あなたが願っていることが、ごく当たり前のことかもしれないと、考えてみることは無駄ではないでしょう。

物事は、これまでも再三言っているように、「意識から始まり」ます。

今あなたがもろもろのことで、願いが叶わないと思っているとしたら、それはあなたが自分の価値を、その分だけ、貶《おとし》めているからです。あなたが自分の望む生活をすることを、あなた自身が、許していないからです。

しかもその多くが、あなたの思い込みに拠るものだとしたらどうでしょうか。

現実の社会は格差社会であるとしても、わざわざあなたが、それに甘んじる必要はありません。もしあなたが今、それに甘んじているとしたら、それはあなたの思い込みに拠《よ》るものかもしれませんし、思い込みから生じる罪悪感や自己犠牲や戦う意識なのかもしれません。

前記したように、自分を貶めるそんな感情を抱き続けるのは、

「私は、幸福であってはいけない」

「私は、お金を得てはいけない」

と、自分に言っているようなものなのです。

人間性を捨てない限り「戦って勝つ」ことはできない

自分の願った通りになるという点においては、

「自分が願望を達成させるためなら、人はどうなっても関係ない。傷つけてもいい。人のものを奪ってもいい」

と信じている人も、心から願っていれば、その願いを叶えることができるでしょう。

「そんな人間は、許せない」

と思っても、無意識は「善悪」の判断はしません。ですから、「他者を傷つけて」でも、「奪ってでも」という人も、願いが叶うのです。むしろ、それに対する執

着心の強さ、集中度の高さゆえに、一般の人たちよりも自分の願いを叶える確率は高くなるでしょう。

ただし、一般の人たちが、

「じゃあ、私だって、俺だって」

と真似をしても無理でしょう。

一般の人たちが、「人を傷つけても、奪ってでも」というほどになるには、ハードルが高過ぎます。

ほとんどの人たちは、戦って勝とうとしても、押し合いへし合いしながら、互いに傷つけ合い、つぶし合うだけの結果となるでしょう。

どうしてでしょうか。

それは、私たちには、良くも悪くも感情があるからです。

感情が肯定的に働けば、それは愛につながります。

感情を捨てるというのは、人間性を捨てるに等しいことです。

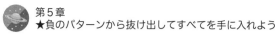

そんな人間の本質ともいえる感情を取り去ろうとすることは、不可能とまでは言いませんが、よほど特殊なことがない限り無理でしょう。

あなたがいわゆる〝普通の人〟であるならば、どんなに「人を傷つけても、奪ってでも」という気になったとしても、到底、人間性を捨てるほど非情かつ残酷な人間にはなれないでしょう。

実際にあなたが、自分の願いを叶えるには「戦って勝たなければならない」と思い込んでいたとして、今も尚その願いが叶っていないとしたら、その現実が、あなたの心の状態を物語っていると言えるでしょう。

どんなに張り合って人を出し抜こうとしても、人間性を捨て去ることができない私たちにとって、「戦って勝てば、自分の望みが叶う」というのは、まったくの幻想だと言えるでしょう。罪悪感があれば尚のこと、あなたの願いが叶わないのも道理なのです。

願いを叶えるよりも「戦うことが生き甲斐」となっている

端的に言うと、他者と戦って勝つことを目指している人よりも、自分のために生きている人のほうが、願望達成率は、比較にならないほど高いでしょう。

しかもそれは、顕在意識と無意識のギャップが小さいために、健全かつ建設的な、満足度の高い〝真の願望達成〟となるでしょう。

なぜなら、自分の人生の足を引っ張る罪悪感や被害者意識が少ないからです。戦い合えば、傷つきます。戦うことで恐怖も増大します。どんなに強くても、戦うことで恐怖を消し去ることは不可能だと言えるでしょう。そんな恐怖も、自分の願いを叶える上では、手枷足枷《てかせあしかせ》になります。

それでも戦って被害者意識を募らせたり、罪悪感を覚えたり、自己犠牲を自分に強いてしまうのは、どうしてでしょうか。

答えは、それが「生き甲斐」となっているからです。「馴染《なじ》んでいる」という言い方をすることもできます。

例えば、すべての人間が健康で、この世からまったくお医者さんがいらなくなってしまったらどうでしょうか。

この世から戦いがまったくなくなって、自衛隊や軍隊が必要なくなったとしたら、どうでしょうか。

この世から、まったく犯罪がなくなって、警察が必要なくなってしまったとしたらどうでしょうか。

その人たちがこぞって、みんなが健康になってよかった、平和になってよかった、犯罪がなくなってよかったと、手放しで喜ぶでしょうか。

「先生、先生」と頼りにされ尊敬されていた地位がなくなってしまいます。

軍隊で号令を掛けていた人は、号令をかけることができなくなってしまいます。

犯罪者を追いかけて逮捕する必要がなくなってしまいます。

今まで馴染んでいた仕事が、一切なくなってしまいます。自分の天職だと思っていたものが、いきなりなくなってしまうのです。

それに代わるものがなければ、喜ぶどころか、途方に暮れるばかりでしょう。


戦うことや被害者意識や、罪悪感や自己犠牲の精神も、心境的には同様です。

どんなに辛くても、「人のために尽くす」ことばかりして生きてきた人に、

「さあ、これからは人のためよりも、自分のために生きましょう」

といきなり言い渡せば、どうしていいかわからなくなってしまうでしょう。

罪悪感を抱いてしまう人に、

「自分の望みを叶えることに罪悪感を抱かなくてもいいんですよ」

と言ったとしても、その人がすぐに罪悪感を捨てることは難しいでしょう。

他者と争って勝つという幻想を抱いて、戦うことに生き甲斐を感じている人に、

いきなり、

「戦っても、無駄ですから、戦うのをやめましょう」

と叫んだところで、戦いをやめることはできないでしょう。

戦いを生き甲斐としている人は、戦うことが骨の髄まで染みこんでいます。また戦う人にとっては、戦うことが「身を守る」ことでもあります。

そんな人にとって、戦いをやめるというのは、自分の武器をすべて捨てて降伏しろ、と言われているに等しいことです。それはまさに恐怖でしかありません。

こんなふうに、馴染んでいるものを自ら捨て去るのは、非常に難しいことなのです。だから、〝馴染んでいる〟ということが、知らずのうちに「生き甲斐となっていく」のです。

戦う人は願いが叶うどころか、痛い眼に遭わないと気づかない

日ごろから他者と戦っている人たちは、人間関係では、人と争いになることに恐れを抱いています。戦うと、「戦うか逃げるか」の自律神経が反応して、生命

の危機を感じるような恐怖も生じます。争うわけですから、恐怖が生まれるだけでなく、心理的にも傷つきます。

にもかかわらず、戦う人たちが「戦うこと」をやめないのは、それ以外に自分と関わる方法を知らないからです。

ではそんな人たちが、心から戦うことをやめたがっているかというと、案外そうでもありません。

その典型がゲームやスポーツです。

ゲームをしていると、アドレナリンが分泌されて興奮します。

スポーツや格闘技は、観戦しているほうも興奮していきます。

争うことの刺激が、快感を惹起するという生体のメカニズムもあって、安全地帯にいて勝っている状態であればいっそう、スポーツのように興奮するでしょう。

けれども、この「戦う」というのは、「勝つか負けるか」の二極化思考です。絶えず刺激の強い感情や荒っぽい感情を求めていれば、細やかな感情が鈍麻していきます。そのために普段の生活の中でも、「ゼロか100」の極端な行動をします。

例えば常に戦って身構えている状態の人は、相手が善意で声を掛けたとしても、

それを善意だと理解することができません。そのために、善意の人が、

「その先は、大きな穴があるので危ないですよ」

と声を掛けたとしても、

「なんだよッ！　なんか文句でもあるのかッ！」

といった具合にすごむので、善意の人は、「いえ、あの、その……」とそれ以上言えなくなってしまいます。

本人は肩で風を切りながら、勝った気分で身体を左右に揺すって先に進めば、いきなり穴に落ちてしまうというふうに、痛い眼に遭うところまで突き進みます。これが「ゼロか１００」の行動です。そのために、気がついたときには「既に手遅れ」ということがしばしばです。

こんなふうに、争う人は人の注意や忠告に耳を傾けるどころか、相手の話を聞く姿勢すらないので、トラブルに巻き込まれたり自分から問題を引き起こす確率が非常に高くなっていきます。しかも、穴に落ちるまで気づかないので、未然に防ぐことができません。

自分自身が相手に敵意を抱いているので、相手の善意を感じとるどころか、相手の善意がそこにあることすら気づかないでしょう。

「ゼロか100」の行動はトラブルを増幅させる

具体的には、どんなことが起こるのでしょうか。こんな例があります。

A社のAさんとB社のBさんと、B社が委託したCさんとの間でトラブルが起こりました。

ことの発端は、Aさんが商品の納期の期日を守ることができなかったことです。

一歩間違えれば、大きな損失が生じるところでしたが、B社の上司からの指示で、幸い大きな問題には発展しなかったものの、B社のBさんは、さまざまな事務所や顧客への謝罪対応を余儀なくさせられました。

その後も、Aさんからは何の謝罪もありません。

Bさんは、Aさんに対して攻撃的に謝罪を求めました。

このときは、Aさんが代金を割り引くことで、話がまとまりました。

ところが今度は、Cさんが臍《へそ》を曲げて、Bさんに対して、

「Aさんから、何の謝罪も受けていない。A社と取引をするなら、自分は手を引く」

と言い出しました。

　この三者が一様《いちよう》に「勝ち負けの意識」に囚われている人たちです。

　まずどうしてAさんは、納期が遅れたのでしょうか。それは、仕事を抱え込み過ぎていたからでした。

　客観的な判断ができる人であれば、仕事の許容量をはるかに超える前に察知して、何らかの対策を講じていたでしょう。

　けれどもAさんは、その判断を見誤りました。そのとき損得勘定が働いたのか、あるいは断ることができなかったのか。それはともかく、少なくともAさんはトラブルが起こると、争い合うことを恐れて陰に身を潜め、成り行きに任せてしまうタイプではあったようです。

　以前にもAさんは、データを紛失するというミスを犯しています。

　Aさんとのトラブルは、これで3回目でした。主にCさんに、その負担がかかりました。

　けれども、争いを恐れたBさんはAさんに何も言わなかったし、Cさんもまた Aさんに何も言いませんでした。不思議だと思うでしょうが、戦う人ほど〝争いになることを恐れて〟肝腎《かんじん》なときに肝腎なことを主張できません。「話し合って解決する」という平和的、建設的な方法を知らないので、我慢するのです。

「この程度のレベルでは、喧嘩できない」

と思いつつ我慢しているのかもしれませんが、それはまるで、第三者の眼には、「戦闘を開始する機を窺《うかが》っている」ようにも映るでしょう。

前回のとき、BさんもCさんもその責任を、具体的な形で提示して謝罪を求めなかったので、Aさんは、今回も「済みませんでした」という形ばかりの謝罪で許されると思ってしまったのかもしれません。

Cさんは「いきなり手を引く」という強硬な態度に出る前に、Aさんに対して謝罪を求めたり、しっかりと話し合うチャンスが2回あったはずです。それをうやむやにしたのは、Aさんでもあるけれども、Cさんでもあります。

Bさんも、話し合うことを知りません。

Cさんに「手を引く」と、言わば脅された恰好のBさんは、今度は、Cさんと話し合うチャンスすら持とうとせずに、一気に、

「手を引くんだったら、これまで依頼していたデータのすべてを返却しろ！」

と、Cさんに対して正面衝突するような態度に出てしまいました。

一気に空中分解してしまいそうな事態に直面したBさんは、その結果、Cさん

だけでなく、トラブルを引き起こした元凶《げんきょう》のAさんに対しても、攻撃的な気持ちになっていくのでした。

「戦う人」は無意識に、着々と戦うための下準備をしている

負けている気分で争うことを恐れていて、積極的に責任をとろうとしないAさんも、戦う人には変わりありません。だからトラブルが起こったときにも決断力がないために、優柔不断な態度に終始して、嵐が過ぎ去るのを陰で眼を閉じてじっと身を潜めるような行動をとってしまいます。

こんなふうにして、Aさんも、Bさんも、Cさんも「戦い合う」人は、仕事を発展させるよりは、「戦う」という目標に向かって、物事を破壊する方向へともっていくのです。

もしこのとき、Bさんなり Cさんなり、いずれか一人が問題解決に向けて、冷静に話し合おうという態度で臨んでいれば、最初に話し合うことができていたでしょう。

もしかしたら、そうすることでAさんの意識に変化が生じて、パソコンのデータを紛失するような事態を防ぐことができたかもしれません。

意識とは、「こんなふうに非常に繊細かつ微妙なもの」なのです。

もちろん、そうやって向き合うことができたとしても、データ紛失は避けられなかったもしれません。

それでも、話し合う姿勢があれば、大きな問題が起こることを未然に防ごうという意識が働いて、きっぱりとした決断ができていたでしょう。少なくとも、今回のように3者で対立し合って、その関係が一気に崩れ去るような事態に陥ることはなかったでしょう。

実は、このパソコンのデータ紛失も、後でわかったことですが、Aさんはそのとき別のトラブルを抱えていて、データを保存することまで頭が回らない状態に陥っていました。けれどもそのトラブルを、Aさんは教訓として活かしきれていなかったのだと言えるでしょう。

穿《うが》った見方のように思うかもしれませんが、BさんもCさんも「ゼロか100」で戦うことが人生の目標になっています。

そのために、無意識の視点から捉えると、「戦うための状況づくりの準備をしていた」ということができます。

実際には、二人は「戦うことになりそうだ」という予兆を感じたとき、目を輝かしていて、Cさんに至っては、

「久しぶりに、興奮してきて、血が騒ぐ」

とも呟いていたのでした。

こんなふうに、戦う人たちは「戦うこと」が自分の人生の目標になっています。

その言動パターンも既に、「戦うパターン」が身についてしまっています。

もちろん本人は自覚していない場合が多いでしょう。

けれども「戦う」ことが目標になっている人たちは、幸せになることや成功することやお金持ちになることよりも、無意識に、未来の「戦闘」に向けて、あたかも着々と下準備をしているかのように動いていくのです。

"禍福"の縄は、自分で結わえている

この例で言えば、3者の中で最も損するのは誰でしょうか。

それは、それぞれが今いる位置によって違うでしょう。

そこに居合わせる人間が一つの問題に直面したとしても、それで被る痛手のレベルは同じではありません。

Aさんは、収入源が一社減りました。これがミスを犯した「責任」を負おうとしなかったことの代償と言えるでしょう。

目先の得を追いかけたり優柔不断な態度をとったりしていると、こんなふうに大口の顧客とトラブルを起こして信頼を失墜させてしまうという、ありがちなパターンです。

Bさんは、AさんとCさんとの取引が、いきなりなくなるとしたら、まったく同じ条件の環境を整えるには時間がかかるでしょう。Cさんがデータを渡してくれなければ、さらに争いは激化するでしょう。

Cさんは、身から出た錆《さび》とはいえ、B社との取引が一気に終わってしまいます。

もしBさんの会社との取引が、自分の収入源のメインの一つであったとしたら、大打撃となるでしょう。

こんなふうに、自分が被る損失もまた、自分の意識と関連があって、ネガティブな意識の分量が多ければ多いほど、それに応じた言動をとっていき、その損失の割合も増えていくでしょう。

とりわけ「争う」ということは、その意識が強ければ強いほど、無意識に、長年築いてきたものを一気に破壊させてしまうチャンスを虎視眈々《こしたんたん》と狙うというほどに、何の得ももたらさないという恰好《かっこう》の見本ではないでしょうか。

〝禍福《かふく》は糾《あざな》える縄の如し〟と言います。禍福は交互にやってくる、災いが幸運に転じることもあるといった意味です。

一般的な認識では、その禍福は予測がつかないと信じられているでしょう。けれども、どんな場合も自分の意識と、それを土台にした選択の結果という捉え方をするならば、その縄が禍福の縄として出来上がるには、それなりの理由があって、決して、偶然起こっているわけではないと言えるでしょう。

「負のパターン」から抜け出して「すべてを手に入れる」には

では、自分を不幸に導いてしまう「負のパターン」から抜け出して、幸せになる願いの叶え方ができるようになるには、どうしたらいいのでしょうか。

多くの人が戦って勝つことを目指すのは、実際に「戦って勝っている人」を見て、自分の目に「勝った人は得をする」と見えているからでしょう。

もっとも何をもって「勝利とするか」にもよります。

好きな仕事をしていることに価値を見出している人は、それを人生の勝利とするでしょう。

名誉や地位やお金の獲得を勝ちとする人もいるでしょう。しかし反面、愛情の乏しい環境であったとしたら、それでも勝ったと言えるのかどうか。

愛を感じ合える関係を築くことを勝利と捉える人もいるでしょう。

何に価値を見出しているかによって、「勝ち」という言葉よりも「満足」という言葉を遣ったほうが適切なのですが、少なくとも、そのすべてを手に入れるには、罪悪感や自己犠牲的意識、戦う意識や被害者意識といった「他者中心」の意識を可能な限り減らしていくことです。

こんなふうに書くと、

「何を非現実的なことを言っているんだ！　自分の望むものがすべて手に入るなんてあり得ない。その中の一つを得るだけでも苦労するのにッ」

などと反発したくなったり、

「愛なんて信じられない。信じられるのはお金だけだ」

と言いたくなる人もいるでしょう。

もしあなたが、こんなふうに、「すべてを手に入れる」という言葉に反発を覚えるとしたら、それがまさに間違った思い込みであり、また、それがあなた自身の〝今の意識〟なのだと言えるでしょう。

あなたが、まさにその〝今の意識〟と、あなたの〝今の状況〟とを照らし合わせて観察することができるとしたら、今の状況が、自分の今の意識通りになっているのだと気づくのではないでしょうか。

すべてを手に入れるには、簡単に言うと、

・自分の過去と今のすべてを受け入れる。

・自分の「感じ方」を信じる。
・自分の誇りを取り戻す。

こんな言葉でまとめることができます。

第6章

それぞれの場面での「感じ方」が未来を決める！

★過去の感情の掃除をするだけで人生の流れが好転する！

心の調和・不調和が、そのまま自分の人生となる

この世のすべてのものが、バランスで成り立っています。

自分の心も、「肯定的な意識」と「否定的な意識」とのバランスです。

このバランスが自分の人生を創っています。

自分の心を分量で測るなら、「肯定的な意識」の分量が多ければ、それに応じた人生になるでしょう。否定的な意識の分量が多ければ、それに応じた人生になるでしょう。

自分が自分を否定するというのは、「願いが叶う」ことを自分が否定するのですから、願いが叶わないのは、当たり前というべきでしょう。

では、自分が自分に対して、どう思っているのか。単純に考えれば、「願いが叶う分量が多いか少ないか」で、自分が自分に対してどう思っているかがわかります。

叶い方の分量が、すなわちそのまま自分自身です。

では「なかなか願いが叶わない」という人は、どうしたらいいのでしょうか。

どうやって、肯定的な意識を増やしていったらいいのでしょうか。

それには、「自分の感じ方」を基準にすることです。

不調和であれば、自分を大事にしていません。自分を愛していません。

だから、不調なことが起こります。

調和していれば、自分を大事にしています。自分を愛しています。

だから、調和したことが起こります。

無意識は、自分の心と矛盾していません。

あなたが感じるように、現実を創作していってくれるのです。

ですからまずは、自分の心を感じ、自分の感じ方を信じることから始めましょう。

最も基本的かつ最も重要なことです。

これが、自分が満足できる「真の願い」を、自分の無意識を味方につけて「ラクに叶える」ための第一歩なのです。

「自分を否定しない」ことが願いを叶える第一条件

願いを叶えるための、最も効果的ですぐに実行できる方法が一つあります。しかも、非常にシンプルですし、かつ即効性があります。

それは、「自分を否定しない」ということです。

前述した「自分の感じ方を信じる」ということは、自分を否定しないということにも通じます。

自分を否定するのは、これまで述べてきたように、自分が願っていることを否定するのと同じことです。

自分の願っていることを否定すれば、言うまでもなく、願いは「叶わない」ことになるでしょう。

だからもしあなたが、心から満足できる願いの叶え方を望むのであれば、あなた自身が自分を否定しないことが第一条件であり、また、最も重要なことだと言えるでしょう。

こんなふうに書くと、

「自分を否定しないというのは、言葉ではわかります。でも、具体的にはどういうことなんでしょうか」

と言いたくなる人もいるに違いありません。

この「自分を否定しない」をもっとわかりやすく言うと、過去の自分、今の自分が、どんな自分であってもそれを受け入れて認める、あるいは「許す」ということです。

これまで、どんなに努力しても願いが叶わなかったという人は、そのほとんどが、自分の過去を否定したまま今日に至っているはずです。

もっとも、自分の過去を否定していながら、それに気づかない人も少なくありません。

例えば、ある一つの出来事に対して、あなたが未だに罪悪感を覚えたり、後ろめたい気持ちを抱えたままでいるとしたら、自分を認めていないと言えるでしょう。

過去に戻って、過去の感情の掃除をするだけで人生の流れが好転する

「どんな自分でも認める、というのは、どんなに悪いことをしていても、いいってことですか？」

と尋ねた人がいました。

もちろん違います。

人の心を平気で無視できる厚顔無恥な人間、人の心に共感できないような無神経な人間、人も物も自分の物とするような強欲な人間になれという意味ではありません。

むしろそういう人は、過去の自分をまったく認めずに、自分を否定し続けている人たちだと言えるでしょう。

例えばある人が、

「子供のころ、みんなに馬鹿にされた。いつか必ず、あいつらを見返してやるッ！」

という怒りを抱いているとしましょう。

そんな怒りに駆られているとき、自分の意識の眼は、他者に向いています。つ

まり、他者中心の意識です。

そうやって他者に意識を向けている限り、自分の「本当の気持ち」に気づきません。

これが、「自分の過去を認めていない」という状態です。

もちろん、「見返してやる」と思うことが悪いと言っているのではありません。願いを叶えるという点においては、どんな経験をしたにせよ良い悪いの問題ではなく、そんな気持ちを〝ずっと抱いている状態〟であることが問題だと言えるでしょう。なぜなら、これまで繰り返し述べてきたように、どんな感情であれ、自分が抱くもろもろの感情が、そのまま、自分の人生を創る材料となってしまうからです。

ですから、もしあなたが過去のさまざまな体験で抱いたもろもろの感情を、未だ、他者に向けて抱き続けているとしたら、そんな感情を、一度、自分に引き戻す必要があるでしょう。

過去に戻って、「過去の感情の掃除をする」ということです。

否定的な感情の堆積が、「願望」の足を引っ張っている

こんなふうに書くと今度は次々に疑問が湧いてきて、「他者に向けて抱き続ける？　そんな感情を自分に引き戻す？　過去の感情の掃除って？」

などと、いっそう頭が混乱してくるかもしれません。

が、前記の例で言うと、「あいつらを見返してやる」という他者中心の意識に囚われているのはどうしてでしょうか。

それは、自分自身が、あるときそんな気持ちになってしまうような体験をして、非常に傷ついたからですね。

この「私は傷ついた」という自分を自覚することが、「感情を自分に引き戻す」ということです。

換言すると、これが、自分を否定することと自分を認めることとの違いです。

ではここで、「まだ、わかりません」と言いたくなる気持ちを払拭するために、以下の2つの言葉を、心の中で、呟《つぶや》いてみましょう。

まずは、以下の文章を読んでみて、どんな気持ちになるかを、実感してみてください。

これは、自分の意識が他者に向かう「他者中心」の意識です。

「子供のころ、みんなに馬鹿にされた。いつか必ず、あいつらを見返してやるッ！」

実感が湧かないという人は、何度も繰り返し読んでみてください。

こんなふうに呟いているとき、あなたは悔しい気持ちに囚われていて、決して心地よさを感じてはいないでしょう。

これが、「自分の心を受け止めていない状態」です。

自分の心を受け止めることなく、すぐに意識が他者に向かってしまうと、その感情は解消されないままになります。

当然のことながら、自分の意識の根底に否定的な感情が堆積《たいせき》されていくので、願いがストレートに叶いにくくなります。

この言葉を唱えるだけで「願いが叶う」自分になれる

では、こちらはどうでしょうか。

これは、自分の意識が自分に在る「自分中心」の意識です。

「そうか。私はあのとき、あいつらを見返してやると誓ってしまうほど、悔しい思いをしたなあ……。ほんとだよなあ……。悔しかったな……。あのときは本当に傷ついたなあ……。辛かったなあ、苦しかったなあ……。よく、あんな状況から、立ち直れたなあ……。よく頑張ってきたよなあ……」

「見返してやるッ」というふうに相手に向かう意識状態になる前の段階の、自分の感情を丁寧に拾っています。そして、充分に味わっています。

「……」は、実感です。

この「……」の実感こそが、自分の感情をいたわっている状態です。これが、自分を慈《いつく》しみ、自分を大事にする、ということです。

この「……」は、自分のどんな感情でも受け入れています。そして、認めています。認めているからこそ、「……」と味わうことができるのです。

これが「どんな自分であっても肯定する」ということなのです。

もしあなたが、すぐに願望達成できる自分になりたいと望むなら、過去に遡って、あるいは今、自分自身を否定していることがあるなら、それを思い出しながら、自分を肯定するための前記の言葉を、そのまま声にして読んでみて、その実感を味わってみてください。

丸ごと、その言葉通りで構いません。

そうやって充分に自分の気持ちを受け入れ、いたわり、慈しむ気持ちになることができれば、それだけで、あなたの人生の根底に、大変革を起こすことができるでしょう。

自分を丸ごと肯定できたその瞬間、自分の人生の流れが、一気に変わるという体験をする人も出てくるに違いありません。

こんなふうに、「自分を受け入れる。自分を認める。自分をいたわる。慈しむ」。これが最も簡単で最短で願いを叶える、非常に効果的な方法です。

社会の格差は「勧善懲悪」論では語れない

「じゃあ独裁者が権力を振るって恐怖政治を行ったり、あくどい方法で金儲けしている人たちは、願いが叶っているわけですから、自分を肯定している人たちということなんでしょうか」

と疑問を呈した人がいました。

無意識は善悪を判断しません。それを前提として言うなら、自分のすることを認めているか否定しているかによって決まるでしょう。

前記しているように、この世はすべてが、バランスで成り立っています。それは、他者との関係でもそうですし、社会全体もそうです。

社会の仕組みがピラミッド構造で成り立っているとしたら、この状態が、私たちそれぞれの意識の総計だと言えるでしょう。また、その中で上下との格差が広がっているとしたら、これもバランスでそうなっていると言えるでしょう。

今の世の中が、不公平で格差の大きい社会だとしても、この状態が独立して成立しているわけではありません。バランスという観点から論じると、一方に支配者が存在するとしたら、それは、他方に被支配者が控えているからです。また、その被支配者のうち、今の社会構造に唯々諾々《いいだくだく》と従ってしまう人の数が多ければ多いほど、そのバランスは偏っていくでしょう。

「勧善懲悪《かんぜんちょうあく》の論理」では語れないのが、バランスの原理なのです。

最も助けを必要としたときに、相手が応えてくれなかった……

人間関係の問題では、

「相手に自分のことを理解してもらいたい。認めてもらいたいと思っても、自分の思いが伝わりません」

「反省して謝罪してもらいたいと思うのに、相手は、自分が悪いとすら思っていないようなんです」

といった訴えを聞きます。

それだけではありません。

こんな話もよく聞きます。

「私が一番苦しんでいるときに、私が最も信頼している一人だと信じていた相手が何も応えてくれずに、いっそう失望感で落ち込んでしまった」

「私が最も助けが欲しいと切望しているときに、親しいと信じていた人からの手助けがなく、それがもっとショックだった」

中には、

「最も苦しかったときに、相手が逃げてしまった」

という経験を語る人もいます。

夫婦問題で多いのは、

「最も側にいてほしかったときに、夫はいなかった。急いで帰ってくる様子すら感じられなかった。冷たい態度をとられた」

といった相談です。

親子の問題でも、自分が最も辛くて親に救いを求めたとき、その期待に応えてくれるどころか、心が粉々に砕け散るほどひどい言葉が返ってきて、いっそう傷ついたという話も少なくありません。

不本意な関係性を成立させているのは〝自分自身〟

もしあなたが、こんなふうに、最も信頼していたはずの人から何の反応もなかったり、自分が期待することとは逆の反応が返ってきたり、冷たい仕打ちを受けたりすると、

「どうして私は、こんな辛い目に遭ってばかりいるんだろう。私は一生、幸せになれないいんじゃないだろうか」

などと思って絶望的な気持ちになるかもしれません。

こんなときあなたは、相手に対して、何か特別なことを望んでいたわけではないでしょう。実際に大半の人が、

「一言、いたわりの言葉が欲しいと望んだだけだった。話を聞いてくれて、共感の言葉が返ってくるだけでよかった。ただ側に寄り添ってくれる、それだけでよかったのに」

と答えます。

にもかかわらず、こんなささやかな願いさえ叶わないのは、どうしてなのでしょ

うか。

聞く人によっては非常に厳しく聞こえるかもしれませんが、実はこれも「関係性」で語ることができます。


不本意だと思うかもしれません。

相手の不誠実さをなじりたくなることもあるでしょう。

腹が立ったり、悔しい思いもするでしょう。

仮にそれが事実だとしても、そんな状況でいることを選択しているのは、誰でしょうか。

それは相手でもあり、自分自身でもあります。「訴えの声」のように、相手との関係で望む結果が得られないとしても、それは、「相手があなたを選んでいる」と同様に、「あなたがそんな相手を選んでいる」からです。

相手が横暴であるとしたら、そんな相手に黙って従っているのは誰でしょうか。

わかってくれない相手がいるとしたら、そんな相手から離れようとしないのは、誰でしょうか。

相手があなたの期待を裏切ったとしたら、そんな相手を選んでいるのは誰でしょうか。

どんなに納得がいかないと思ったとしても、こんな状況を、全体のバランスや関係性で捉えるとしたら、そんな「不本意な関係性が成立する」ことの一翼を担っているのは自分自身だと言えるのです。

あなたの無意識は気づいていて、目を逸らしていた

どうして、こんなことが起こってしまうのか。これを「偶然」と捉えることはできません。自分中心に立ち戻って、この状態を自分の「意識の視点」からみると、どうでしょうか。

そもそもあなたは、相手に対してどんな気持ちを抱いていましたか。相手に期待しつつも、本当に心から信頼していたのでしょうか。もしかしたら、

「この人は、本当に困ったときには、助けてくれないのではないか」

といった恐れや不安を抱いてはいなかったでしょうか。

もちろんそれは、心の中が不信感だけだったという意味ではありません。それ

こそ数えきれないほどの思いがあって、その中には同時に、期待する気持ちや信じる気持ちや、また信じたい気持ちも存在しているでしょう。ただその中で、「不信感」の占める割合が比較的大きかったということなのです。

普段は気に留めていなくても、もともと、そういう関係であることを、あなたは既に気づいていたのではないでしょうか。少なくとも、無意識の自分は知っていた、しかし、それをはっきりと認識するチャンスがなかった、というだけだったのかもしれません。

あるいは、それを認めたくなくて、眼を逸《そ》らしていたのかもしれません。

これを自分中心の視点から述べると、あなたが相手に裏切られるような結果となったのは、本当は、あなた自身も無意識のところでは、「相手を信じていなかった」と推測することができます。

そんな〝相手への不信感〟が、「自分が最も必要としている」ときに、はっきりと形になって、それを自覚せざるを得ないような出来事が起こった、ということなのです。

こんなふうに、自分の無意識にあるものを表に浮上させ、自分の心の有様を形で示してくれるのが、「意識の力」なのです。

わざわざ「わかってくれない人」を選んでしまう

得てして自分の中に強い依存心があると、心の眼が曇り、相手との関係性を客観的に判断できなくなりがちです。

親に対して、パートナーに対して、親友と呼び合っていた相手に対して、「自分が最もわかってほしい人なのに、わかってくれない」と切実な気持ちで訴える人たちが少なくありません。

これを客観的に捉えるとしたら、そんな気持ちを抱くのは、そんな気持ちになってしまうほど、既に「わかってくれない」ことが事実だということになります。

どんなに相手にわかってもらおうとしても、恐らく何度も「相手が信じられない」という経験をしているでしょう。

反対に、そうであるからこそ、相手に固執してしまう、ということも言えます。

例えば子供が親に、あるいは親が子供に、「自分を相手に認めさせよう」として感情的に迫ったり、争ったりしてしまうのは、まさに「最もわかってもらいたい人が、応えてくれないから」でしょう。

この関係は、双方が、お互いに「自分をわかってくれない人」として映っています。

不思議に思うかもしれませんが、こんな経験をしている人は、その経験ゆえに、無意識のうちに「求めても得られない相手」を友だちやパートナーとして選ぼうとしてしまいます。感覚的には、そんな相手が「自分に馴染んでいるから」という理由も挙げられます。

自分が選んだそんな相手をよくよく観察してみれば、恐らくあなたは、相手に何度も「期待しても応えてくれなかった」ことを経験しているはずです。それをあまりにも当たり前に感じていたので、そうされていることにすら気づかなかった、という人もいます。

決して、たまたま、一度だけ、決定的なことが起こったのではなく、その前に、何度も軽いレベルで、似たようなことが起こっていた。それに気づかなかっただけで、重大なことが起こってようやくそれに気づいた、というのが真相ではないでしょうか。

森林浴でポジティブなコミュニケーション能力が育つことはない

自分中心になって、自分の言動を絶えず注視していないと、自分の言動には気づきません。起こったことを改めて洗い出し、具体的に自分がどんな意識を持っているかに注意を払わないと、自分がどんな意識を抱いているかさえ、気づかないでしょう。

私たちはそれに気づいていてもいなくても、心の中に戦う意識や罪悪感や否定的な意識をたくさん抱え込んでいます。無意識は、そんなもろもろの思いを、自分の人生の設計図とします。

そして、その設計図通りの家を建てようとするのですが、果たして、家が完成したとき、顕在意識の眼に映るその家が、自分の理想とする家とまったく違って見えるために、「なかなか願いが叶わない」となってしまうのは無理もないことだと言えるでしょう。

広義には、「部屋を片付ければ運がよくなる」も「グッズを持てば運がよくなる」

も、嘘ではありません。運がよくなると心から信じていれば、自分がそう信じているから、そうなっていくでしょう。

けれどもそれは、自分がそう信じているからであって、物や行為自体が運をよくするわけではありません。飽くまでも、自分の意識のあり方が運をよくしていくのです。

とは言え、そんなグッズやアイテムにまったく効果がないかというと、そうでもありません。例えば森林浴という言葉があるように、自然の中で過ごすと爽やかな気分になりますし、森林の樹木が発散するフィトンチッドと呼ばれる生物活性物質には、疲労回復の効果があることは証明されています。

さまざまなグッズやアイテム類に、肯定的な気分をもたらす何らかの成分が含まれる可能性を否定することはできないでしょう。

ただ、自分の意識が乱れていたり荒れたりしていれば、それらの効果も低いでしょうし、また、他者に対して乱暴な扱いや言い方しかできない人が、フィトンチッドを浴びたからといって、穏やかな人物に変化したり、温かい会話ができる人になることはないでしょう。

なぜならそれらは、自分の根底の意識に関わることだからです。

あるいは、日常生活のスキルの問題でもあります。

日常生活のスキルは、実際の経験の中で身につくものです。森林浴だけから、それを学ぶことはできません。それは、瞑想やヨガの能力に優れていても、例えば人とのポジティブなコミュニケーション能力が身につくわけではない、ということとも同じです。

さまざまなグッズやアイテム類が一時的に効果をもたらすことはあっても、自分の根底に例えば人と争う意識があれば、やっぱり人と争い合うようなことを引き起こしていくでしょう。

結局のところ、自分の根底に、荒々しい意識や否定的な意識が堆積していれば、それらを少しずつでも解消しつつ、ポジティブなスキルを育てていかない限り、どんなグッズやアイテムを用いたとしても、一時的な効果をもたらすだけで終わってしまうのではないでしょうか。

願いを叶えたいのなら、不平不満は大敵！

なかなか願いが叶わないという結果になりやすい意識状態の典型は、「不平不満」です。

もしかしたら、あなたは「不平不満なんて、たいしたことがない」と思っているかもしれません。誰でも抱くものだし、それが人生に影響しているなどとは考えないでしょう。ましてや、そんな不満を抱いている状態が、自分の人生の土台とも言うべき「信念」の部分から発せられているなどとは、考えもつかないでしょう。

また、常に不平不満を抱きながら、自分が絶えず不平不満を呟いている自覚がない人も少なくありません。

いずれにしても不平不満を抱く癖がある人は、何をしていても何に対しても、自動的に不平不満のタネを拾ったり、不平不満のタネを蒔いたりします。

何か自分の思っていることと違うことを他者から言われたり、意見を言われたり、間違いを指摘されたりすると、それだけで「責められている」と受け止めて感情的になります。

自分の思いが通らないと「相手が自分に意地悪をしている」と捉えて不満を抱きます。

かと思えば、的外れのタイミングで、

「自分はこんなに気を遣ってやっているのに、感謝もしないなんて」

といって腹を立てたり、頼まれてもいないのに相手の仕事に割り込んで、

「代わりにやってあげたんだから、お礼ぐらい言ったらどうなのよ」

などと不満を抱いたりしています。

相手が欲しがっているかどうかもわからないのに、勝手に判断して、

「わざわざ半分、残してあげたんだから、お礼を言ったらどうなのよ」

と、勝手な気遣いをして勝手に腹を立てていたりもしているでしょう。

そうしながらも、自分が悪いときは謝ることができなかったり、相手が自分にしてくれたことに対しては、素直に感謝の言葉を伝えることすらできない、という人もいるに違いありません。

どっちに転んでも、不平不満を抱くことには変わりない

不平不満が社内に蔓延《はびこ》っていると、業績が悪化して会社が倒産してしまう、というようなことも、「たまたま」とは言い切れません。

無意識の眼からみると、みんなが会社を嫌っていれば、〝意識の総和〟が望んでいることになるために、社員のそれぞれが無意識に「倒産する」ような動きをしていきます。

例えば、人とのコミュニケーションが大の苦手という女性がいました。

「だから事務職を選んだのに、客が増えると、自分も接客に駆り出されてしまうため、苦痛で苦痛でたまらない」

と言います。

店が繁盛して仕事が増えると、「私ばっかりやらされて、損している」という不満も覚えます。そんな彼女の望みは、給料が保証されている立場で、「人との関わりがあまりなくて、のんびりと仕事をしたい」というものでした。

やがて彼女の望み通り、次第に客も減ってきて、営業時間でも暇な時間が増えていきました。

彼女は実質的に、接客もしなくてよくなりました。

彼女の願いは見事に叶っています。

すると彼女は、自分が望んでいたこともすっかり忘れて、今度は、

「することがなくって、退屈でしかたがない」

と言い始めました。そして彼女は、

「職場に居ても、仕事はすぐに終わってしまうし、こんなところに、自分が居る意味があるのだろうか」

と悩み始めるのでした。

こんなふうに、「不平不満」を自分の人生の土台に据《す》えると、AになってもBになって、さらにはCになっても、そのすべてを不平不満の材料として調理していきます。

だから、自分が根底にどんな意識を抱いているかが重要なのです。

まったく同一の環境でも正反対の未来が展開する

これまで述べてきたように、「自分が信じる通り」の結果へと、自分自身が自分を導いていきます。自分の意識の根底に、自分を否定する意識が強いと、それを基盤として、物事の思考や判断や行動が始まります。そのために、どんなに努力していても頑張っていても、そのほとんどが無駄な努力や頑張りになるだけでなく、結局、その結果も同じとなりがちです。

戦う意識の強い人は、無意識に、争うために行動していきます。失敗する言動パターンの人は、結局、失敗するために行動していきます。お金に対してネガティブな意識が強い人は、お金が入らなかったり、入っても失っていく結果となるでしょう。

同様に、自分を肯定する意識が強いと、それを基盤として、物事の思考や判断や行動が始まります。

ポジティブな意識が土台になっていれば、何をやってもスムーズにことが運びます。なぜなら、無意識が、勝手に物事が発展するように選択していくからですし、また、そのチャンスを引き寄せるからです。

仮に条件が悪かったり不利な状況になったりしても、無意識にはその流れを変える力があります。そのために、災い転じて福と成すことができるでしょう。

こんなふうに、あなたが根底で強く信じている通りの結果へと、自分自身が自分を運んでいくのです。


例えば、ここに、子だくさんで、稼ぎが乏しくて生活に困窮している家族があるとしましょう。

このとき親が生活の苦しさを絶えず実感しながら子供に接するとしたら、どんな態度や言い方になっていくでしょうか。

母親の心が、常に否定的な気分に支配されていれば、例えば子供たちがお腹が空いたという顔をしただけで、苛立つかもしれません。

子供たちが「あれを食べたい」と言っただけで、「ダメ！」と強い口調で言いたくなるでしょうし、子供同士が食卓のおかずを騒いで奪い合えば、怒鳴りたくなるかもしれません。

では、こんな家族だったら、どうでしょうか。

環境は、まったく同じです。

けれども母親は、「子供たちが自分の子供として側にいてくれるだけで幸せ」という満たされた気持ちで暮らしています。子供の存在が、母親に幸せをもたらしているのです。

そのために、例えば幼い子供が母親を手伝おうとする姿をみると、その愛くるしさで眼を細めたくなります。

小さな可愛い手でお皿を台所に運んでくれれば、母親は嬉しくなって「ありがとう」と抱きしめたくなります。

上の子が下の子の面倒をみていると、感謝したくなります。

子供同士が留守番をしてくれることも、母親にとっては心強いことです。

条件がまったく同一の環境からスタートしたとしても、前者と後者との家族では、数年後には、まったく違った環境になっているでしょう。

前者は、土台にネガティブな意識を築き、不幸の悪循環をつくる貧乏資質を育てます。後者は、ポジティブな意識を土台とする、幸福な〝良〟循環をつくり、また、お金を生み出す金持ち資質が育ちます。

恐らくこれが、最も簡単にできる最強の呪文

前者と後者の違いは、母親の根底にある意識だけです。

前者は、自分を否定しています。だから、子供たちに対しても、否定的な眼を向けていきます。

後者は、自分を肯定しています。だから、子供たちに対しても、自然と肯定的な眼でみます。

こんなふうに「根底の意識」が違うだけで、「願いの叶い方」はまったく正反対になっていくのです。

今何もしていなくても、今思い通りにいかないと悩んでいるとしても、今のあなたの根底の意識に、ほんのちょっとポジティブな色を加えるだけでも、大きな変化が期待できるでしょう。

なぜなら、根底の設定が変わった瞬間、「全体が変わる」ことになるからです。

もしあなたが、「なかなか願いが叶わない」と思い込んでいるとしたら、今一度、自分を振り返って、一つ一つ、過去の自分を肯定してみましょう。

「たったこれだけ」で、根底の意識を変えることが可能なのです。膠着していた状況が、一気にダイナミックに動くというような体験をするかもしれません。

実際に、

「こんなこともあるんですね！　まるで奇跡が起こったとしか言いようがありません」

と驚嘆する人も少なくありません。

前記したように、

「そうか。私はあのとき、本当に辛かったよなあ。当時はわからなかったけれども、今、改めて思うと、本当によく頑張っていたなあ。自分が悪いわけではないんだから、自分を否定するのは、間違っている。

私は、あのときとても辛い思いをした。誰もわかってくれなかったし、誰も教えてくれなかった。あんなに傷ついているにもかかわらず、そんな自分を否定するのは、自分が自分に対して、最もひどい仕打ちをしていたんだと、今、気づいた。

本当は、私が、自分にやさしくなかったんだ。

私だけでも、私の味方になってやるべきだったんだ。

今だったら、私は、私の味方になることができる。本当に、大変だったね。そんな大変な中で、よくやってきたね、よく頑張ってきたね。

あのときは本当に傷ついたなあ……。辛かったなあ、苦しかったなあ……。よく、あんな状況から、立ち直れたなあ……。よく頑張ってきたよなあ……」


と自分に向かって、心から自分をいたわり、また、自分に対して「感謝する気持ち」を込めて、自分に向かって、そんな言葉を唱えてみてください。

もしかしたら、そう唱えた瞬間、あなたは、自分の中の何かが「変わった！」という、確かな感覚を感じるかもしれません。そして確信するでしょう。

もしこの世に、今すぐ、「最も簡単に実行できる最強の呪文」があるとしたら、まさに「これだ！」と言えるでしょう。

自分の過去をいたわり、自分の心にやさしく寄り添い、自分を肯定する。

そして、それをじっくりと感じる「感度」を高めていく。

たったこれだけで、「願いがストレートに叶う」を可能にすることができるのです。

おわりに

★私たちの意識は万華鏡

無意識の世界では、「思考」はあまり役に立ちません。むしろ害になります。

どうして思考を信じるのでしょうか。

どうして、自分の感じることを信じられないのでしょうか。


「感じ方」の中には、無数の情報があります。

例えば、暑いと言葉で言ってしまうと、二文字だけです。

ではこの状態を、もっとより詳しく表現するとしたら、汗腺が閉じて熱が体の中に籠もっているように暑い。

喉が渇いて、水を飲みたくなってしまう。

光がまぶしく感じて、眼に痛い。

後頭部が熱くて、頭のうまく回らない。

血液が頭の中に滞っていて、濃度が高くなっていくようだ。

なぜか、足のつま先は、風が吹いているように冷たい感じがするようだ。

こんなふうに言葉を並べても、体で感じる「暑い」という状態を、言葉で正確に伝えることはできません。

言葉というのは、これほど曖昧で不確かなものなのです。


それも当然だと、私は思います。

私たちに備わっている感じ方の感覚は、有史以来のものです。

私たちが「生命」として誕生したときから、生命とともに発達したものです。

それに比べて、言語はどうでしょうか。

「言語の発達」と「今日までの生命」との長さを比較するとしたら、言語なんて、まるで「一瞬の瞬き」ぐらいの長さです。

私たちの感じ方は、生命誕生と共に長い長い、悠久の年月をかけて培われ、磨かれ精錬されてきたものです。感覚があったからこそ、生き延びてこれたとも言えるでしょう。

どちらが信じるに足るのか？

言わずもがなではないでしょうか。

私たちの感情や感覚の感じ方は無限にあります。

また、私たちの感じ方はいつも整然としているわけではなく、単一のものでもなく、矛盾する気持ち相反する気持ち、対立する気持ちも、同じ器の中に内包されています。さまざまな思いや意識があって、それが形になっていきます。

こんな無限とも言える感じ方のそれぞれが、その分量に応じて、言わば万華鏡のように形を彩ります。しかもその形は、一つとして同じものはありません。

そんな私たちの人生の、壮大な営みの原材料となっているのが〝意識〟なのです。

石原加受子

石原 加受子（いしはら・かずこ）

心理カウンセラー。「自分中心心理学」を提唱する心理相談研究所オールイズワン代表。日本カウンセリング学会会員、日本学校メンタルヘルス学会会員、日本ヒーリングリラクセーション協会元理事、厚生労働省認定「健康・生きがいづくり」アドバイザー。「自分を愛し、自分を解放し、もっと楽に生きる」ことを目指す、自分中心心理学を提唱。性格改善、対人関係、親子関係などのセミナー、グループ・ワーク、カウンセリングを28年続け、多くの悩める老若男女にアドバイスを行っている。現在、メルマガ『もっと「自分中心に」メール』を好評配信中。近著に『期待に応えない生き方～他人に合わせないで自分をとりもどす』（パブラボ）、『正論で争いを仕掛けてくる相手の言葉なんて真に受けるな！』（ぱる出版）など。

［オールイズワン］
〒167-0032　東京都杉並区天沼3-1-11　ハイシティ荻窪１F
http://www.allisone-jp.com/

願《ねが》いが叶《かな》う人《ひと》の「無意識《むいしき》」の習慣《しゅうかん》
～心のカラクリを知れば、すぐに望みは叶えられる～

2016年9月23日　初版発行

著者　石《いし》原《はら》　加《か》受《ず》子《こ》
発行者　常塚嘉明
発行所　株式会社 ぱる出版

〒160-0011　東京都新宿区若葉1-9-16
03(3353)2835―代表　03(3353)2826―FAX
03(3353)3679―編集
振替　東京 00100-3-131586
印刷・製本　中央精版印刷（株）

ISBN978-4-8272-1015-6 C0095